AF414892

ספר
עֵץ חַיִּים
לרבינו
חַיִּים וִיטַאל זַ"ל
שֶׁקִּיבֵּל מִמָרָן הָאֲרִ"י זלה"ה
שַׁעַר הַשְׁבִירה
שַׁעַר ט' פרק ה'
דמ"ד ע"ד – דמ"ה ע"ב

תש"פ
SimchatChaim.com

בהוצאת
שִׂמְחַת חַיִּים

בס"ד

הקדמה

ירפא **ה**מאציל **ו**יושיע **ה**בורא את כל חולי בני ישראל, וישלח להם רפואה שלימה, רפואת הנפש ורפואת הגוף, בכל אבריהם ובכל גידיהם לעבודתו יתברך.

בי"ב במנחם אב תשס"ה, הובהלתי לבית החולים, הרופאים לא נתנו לי סיכוי לחיות יותר מכמה שעות בגלל מספר תסבוכות. עם כל זאת בזכות התפילות של בני ישראל הקדושים, ברחמיו הרבים, ריחם עלי הקדוש ברוך הוא, ונשארתי בחיים.

עם כל זאת, הובחנה אצלי מחלה קשה בכליות, ונאמר לי שהצטרך למכונת דיאליזה. בשבילי זה היה שוק!!! אף פעם לא הייתי אצל רופא, או בבית חולים. כך בעל כרחי התחברתי למכונת דיאליזה, ומכונה זאת הייתה[1] קשורה בי ככלב במשך שמונים חודשים בדיוק, כמניין **יסוד**, במשך 12-10 שעות ביום.

בשבת פרשת **ויחי יעקב** י"ב טבת תשע"ב, בזכות בני ישראל, שכולם אהובים כולם ברורים כולם גיבורים כולם קדושים... וכולם פותחים את פיהם באהבה שלוש פעמים ביום, ואומרים - **ברוך אתה... רופא חולי עמו ישראל**, וכללותם כל האברכים, תלמידי הישיבות, רבנים וחכמים, חסידים, מקובלים עם תינוקות של בית רבן, זקנים עם נערים, בחורים וגם בתולות, בארץ הקודש ובעולם. ומצד שני בנות ישראל היקרות מפז, שהתפללו וקבלו עליהם כל מיני קבלות, מהפרשת חלה עד צניעות וכיסוי הראש, עם הרבנים, המנהלים, המורים, המורות **והתלמידות של בית יעקב דטורונטו** שכל יום התפללו, וכללו בתפילתם שבקעה את כל הרקיעים אותי, ונושעתי אני הקטן. הושתלה בי כליה. והתנתקתי ממכונת הדיאליזה.

אמר המלך דוד - לולי[2] תורתך שעשעי אז אבדתי בעניי. מה שנתנו לי חיות הוא התורה הקדושה, בשעות הרבות שהיתי מחובר למכונת הדיאליזה)כ12 שעות ביום(, ערכתי סדרתי וכתבתי במחשב את הקונטרסים שלמדתי במשך שנים. וקונטרסים אלו הפכו לחיבור, ואחרי התלבטויות ובקשות מבני גילי, החלטתי בעזרתו יתברך להדפיס קונטרסים אלו.

ידוע הוא כי כל דברי האר"י זלל"ה ותלמידו נאמן ביתו, רבינו חיים ויטאל הם סתומים וחתומים באלפי שרשראות ומנעולים, והרב ז"ל גָלָה טפח וכיסה אלפים אמה, וכלל דבריהם הוא משלים, עם כל זאת העוסק במשל פועל בעלמות העליונים בנמשל. לכן צריך זהירות גדולה לא להגשים את המשלים, בסוד המבואר בספר הזוהר הקדוש - **ועלייהו אתמר** ועליהם נאמר - **ארור האיש אשר יעשה פסל ומסכה וגומר, ושם בסתר, מאי בסתר** מהו בסתר - **בסתרו דעלמא** בסתר של העולם. **ובגין דא אמר קודשא בריך הוא לא תעשון אתי** ומפני זה אמר הקדוש ברוך הוא לא תעשון אתי **אלה"י כסף ואלה"י זהב, והכי אוקמוה חבריא לא תעשון אתי כדמות שמשי שמשין שמשמשים אותי** וכך העמידוהו החברים לא תעשון אתי כדמות שמשי שמשמשים אותי במרום, **לצייירא בסתר דילי שום ציור או דמיון** לצייר בסתר שלי שום ציור או דמיון, **דכל מאן דצייר לעיל לקודשא בריך הוא** שכל מי שמצייר למעלה לקדוש ברוך הוא, **בסתר)דאיהי שכינתיה, כלילא מעשר ספיראן** שהיא שכינתו, כלולה מעשר ספירות(, **שום ציור, וצלם, ודמות, כגוונא דמציירין בשמשין דיליה** שמציירים בשמשים שלו, **נשמתיה אתלבשא בההוא צלמא** נשמתו מתלבשת באותו צלם....

---

[1]

גמרא סוטה ד"ג ע"ב - גמרא סוטה ד"ג ע"ב – רבי אלעזר אומר, **קשורה בו ככלב**, שנאמר - ולא שמע אליה לשכב אצלה להיות. עמה לשכב אצלה בעולם הזה. להיות עמה לעולם הבא.

[2]

תהלים קי"ט צ"ב

וכן הוא בסוף ענף ד' דשער א' בספר עץ חיים שער ההקדמות, וז"ל הטהור - ואמנם דבר גלוי הוא כי אין למעלה גוף ולא כח גוף חלילה. וכל הדמיונות והציורים אלו לא מפני שהם כך חס ושלום. אמנם **לשכך את האוזן** לכשיוכל האדם להבין הדברים העליונים, הרוחניים, בלתי נתפסים, ונרשמים בשכל האנושי. לכן ניתן רשות לדבר בבחינת ציורים ודמיוניים, כאשר הוא פשוט בכל ספרי הזוהר. וגם בפסוקי התורה עצמה כולם כאחד עונים ואומרים בדבר הזה, כמו שאמר הכתוב עיני הוי"ה המה משוטטים בכל הארץ. עיני הוי"ה אל צדיקים. וישמע הוי"ה. וירח הוי"ה. וידבר הוי"ה. וכאלה רבות. וגדולה מכולם מה שאמר הכתוב - ויברא אלהי"ם את האדם בצלמו בצלם אלהי"ם ברא אותו זכר ונקבה וגו'. **ואם התורה עצמה דברה כך** גם אנחנו נוכל לדבר כלשון הזה, עם היות שפשוטו הוא שאין שם למעלה אלא אורות דקים בתכלית הרוחניות, בלתי נתפשים שם כלל, וכמו שאמר הכתוב - כי לא ראיתם כל תמונה, וכאלה רבות. ואמנם יש עוד דרך אחרת כדי להמשיך ולצייר בה הדברים העליונים, והם בחינת כתיבת צורת אותיות, כי כל אות ואות מורה על אור פרטי עליון, וגם תמונת זו דבר פשוט הוא כי אין למעלה לא אות ולא נקודה, **וגם זה דרך משל וציור לשכך את האוזן** כנזכר......

ולכן כל המבואר כאן בחיבור זה הוא כדי **לשכך את האוזן.** והתרשימים שבבסוף החיבור הם כדי **לשבר את העין,** לכן אין שום ביאור והסבר שלם, ואין שום תרשים שלם בתכלית השלמות.

ידוע כי[3] דברי תורה עניים במקומן ועשירים במקום אחר, **ועל אחת כמה וכמה** בדברי הרב ז"ל, שכל סוגיה חסרה[4] במקומה, וחלקיה מפוזרים במקומות אחרים. **זאת ועוד** הרב ז"ל מערבב בדרוש אחד כמה וכמה סוגיות, כאשר בפשטות דבריו נראה שכל הדרוש הוא דרוש אחד, ולא מחולק לסוגיות שונות, ושמועות שונות, **ביאור** דברי הרב ז"ל כאן הם **בעומק, והוא בעצם ליקוט** עד איפה שידי הקצרה הגיעה, מכל חלקי ספר עץ חיים, ושמונה השערים המצוינים לרב ז"ל, מבוא שערים ושאר ספרי הרב ז"ל, והוא גם על פי הקדמת רחובות הנהר למרן הרש"ש, דרושי פנימיות וחיצוניות, דרוש הדעת, סוגיות ערכין, סוגיות דכללות והתכללות, פרטות וכללות, וסוגיות עובי ואורך, ועל פי ביאור גדולי רבותינו חכמי המקובלים לדורותם זלה"ה זי"ע.

ידוע כי[5] אין בר בלי תבן, כך אין ספר בלי טעויות, ועוד יודע אני כי דל ועני אני, **ואין**[6] **עני אלא בדעה.** לכן מבקש אני בכל לשון של בקשה אם יש לכל אחד שאלות, הערות, הארות, תיקונים, נא לשלוח ל - <u>book@simchatchaim.com</u> והשתדל לענות, ולתקן את הצריך תיקון.

בברכה והצלחה בלימוד התורה הקדושה
ובעיקר בפנימיות התורה, תורת האר"י הח"י.
ורפואה שלימה לכל חולי ישראל.

אח"י

3

גמרא ירושלמי, ראש השנה פ"ג הלכה ה' די"ז ע"א – דברי תורה עניים במקומן, ועשירים במקום אחר.

4

תורת חכם דע"ב ע"ב – חסר לשון הוא, כמו שיראה המעיין.

5

גמרא ברכות נ"ה א' - מה לתבן את הבר נאם ה', וכי מה ענין בר ותבן אצל חלום, אלא אמר ר' יוחנן משום ר' שמעון בן יוחאי ,כשם שאי אפשר לבר בלא תבן, כך אי אפשר לחלום בלא דברים בטלים.

6

גמרא נדרים מ"א ע"א – אין עני אלא בדעה .

ב"ה

הקדמה קצרה לחיוב לימוד תורת הקבלה

ישמחו **ה**שמים **ו**תגל **ה**ארץ ירעם הים ומלאו. שזכינו בדור שלנו שפנימיות התורה, שהיא היא תורת הקבלה, מתפשטת לכל, וכל מקום בעולם היום לומדים בתורת החח"ן. הדור שלנו יש הרבה התעוררות ללמוד סתרי התורה הקדושה, הנקראת חכמת הקבלה. בירושלים של המאה ה18 בישיבת **בית אל** היו בקושי מנין של מקובלים, והיום תורת הקבלה מופצת בכל מקום בארץ ובעולם. לעניות דעתי אחת הסיבות העיקריות לשינוי זה הוא רצונם של בני התורה, החוזרים בתשובה ועמך לדעת את סוד החיים, למה ברא הקדוש ברוך הוא את העולם, ואת טעמי המצות, ר"ל אי אפשר היום בדור שלנו, להסביר על פי הפשט את הסיבה מדוע אסור לאכול בשר וחלב, מדוע צריך להניח תפילין, למה לשמור דווקא שבת ולא יום שלישי, אי אפשר להגיד כל הזמן **זאת גזרת הכתוב, כך רוצה הקדוש ברוך הוא**, האנשים מחפשים הסברים למצות, לסיפורי התנ"ך, לגלגולי נשמות, ועוד. ורק על ידי עסק בפנימיות התורה, אדם מסיג את ההסברים לקושיות שיש לו. **זאת ועוד** חיים אנחנו בדור של חומריות, והאנשים מחפשים את הרוחניות שבחיים, אז מה עושים, נוסעים למזרח, להודו, סין, תאילנד למצוא רוחניות, ולא יודעים **ששורש כל הרוחניות בעולם נמצאת בתורה הקדושה**, עם כל זאת כאשר הלומד את פשט התורה, **הוא לא מכיר** את הקדוש ברוך הוא, והוא בלי יראת שמים ושמחה אמתית. כותב הרב המקובל האלוה"י רבינו יהודה פתייה בפרושו הנפלא על עץ חיים - כי לימוד עץ חיים הוא עמוק מאד מאד, כי הוא **מים שאין להם סוף**, והוא קשה מאד גם לחכמים ההוגים בו תמיד, וכל שכן למתחילים. כי הוא חזק מצור, וקשה מברזל, שאי אפשר לחצוב ממנו מאומה, אם לא על ידי כלי מחצב חזקים כציפורן שמיר. וכל המתחיל בלימוד עץ חיים, אם לא יהיה לו רב, או לפחות איזה מפרש המפרש לו כוונת הפרק ההוא לפי פשוטו, נבול יבול, ואינו יכול לעמוד על הפרק כי אם לאחר יגיעה רבה, ושקידה עצומה, וכולי האי ואולי. כי הרבה פעמים יסבור המעיין שהבין העניין ההוא כראוי, ואחר שילמוד עוד איזה פרקים אחרים, ירגיש כעצמו שלא הבין את פרקים הקודמים, והניסיון יעיד על זה, עד כאן דברי קודשו. עם כל זאת חייב כל אדם לעסוק בתורת ה**חיים**.

צדיק אתה הוי"ה וישר משפטיך. כתב הרב רבינו חיים ויטאל ז"ל בהקדמה לשער ההקדמות - והנה מה שכתב בתחילת דבריו, ואפילו כל אינון דמשתדלי באורייתא כל חסד דעבדי לגרמייהו וכו', עם היות שפשטו מבואר ובפרט בזמנינו זה, בעונותינו היום אשר התורה נעשית קרדום לחתוך בה אצל קצת בעלי תורה, אשר עסקם בתורה על מנת לקבל פרס, והספקות יתירות, וגם להיותם מכלל ראשי ישיבות, ודיני סנהדראות, להיות שמם וריחם נודף בכל הארץ, **ודומים במעשיהם לאנשי דור הפלגה הבונים מגדל וראשו בשמים**, ועיקר סיבת מעשיהם היא מה שאמר אחר כך הכתוב - **ונעשה לנו שם...** והנה על הכת הזאת אמרו בגמרא כל העוסק בתורה שלא לשמה, נוח לו שנהפכה שליתתו על פניו, ולא יצא לאויר העולם. ואמנם האנשים האלה מראים תימה וענוה באמרם כי כל עסקם בתורה הוא לשמה. והנה החכם הגדול התנא רבי מאיר ע"ה העיד עליהם שלא כך הוא, באומרו לשון כללות - כל העוסק בתורה לשמה זוכה לדברים הרבה וכו', **ומגלים לו רזי תורה, ונעשה כנהר שאינו פוסק**, והולך וכמעיין המתגבר מאליו, בלתי הצטרכו לטרוח ולעיין בה, ולהוציא טיפין טיפין של מימי

התורה מן הסלע, הנה זה יורה שאינו עוסק בתורה לשמה כהלכתה, ומי זה האיש אשר לא יזלו עיניו דמעות בראותו המשנה הזאת, **ורואה חסרונו ופחיתותו**, עד כאן לשונו. לכן כל אחד צריך לטעום מעץ החיים.

חצות לילה אקום להודות לך על משפטי צדקך. כתב רבינו אליהו מני זצ"ל רבו של הרי"ח הטוב, בספרו הקדוש כסא אליהו שער ד' וז"ל - ואם זיכך הוי"ה ללמוד בחכמת האמת, הנה עצה היעוצה היא שכל סדר הלימוד בנגלה תתנהג בו ביום דווקא. **אבל בלילה תלמוד בחכמת האמת, והעיקר הלימוד אחר חצות**, כי זה הלימוד צריך ישוב דעת הרבה, וכשיקוץ האדם אז דעתו מיושבת עליו יותר. גם גה הלימוד צריך הסתר והצנע, **וכל דבר שיהיה בלילה ובפרט אחר חצות יהיה נסתר יותר מן היום**. ותעשה ועד עם החברים בבית המדרש אם הוא צנוע, **או בביתך ותלמדו בכל לילה**, עד כאן לשונו. וישב ללמוד בלילה תחת עץ החיים.

קראתי בכל לב ענני הוי"ה חקיך אצרה. בהקדמה[7] לשער ההקדמות מבאר הרב ז"ל - ואמנם אל יאמר אדם אלכה לי ואעסוק בחכמת הקבלה, מקודם שיעסוק בתורה במשנה ובתלמוד, כי כבר אמרו רבינו ז"ל - אל יכנס אדם לפרדס **אלא אם כן מלא כריסו בבשר ויין**, והרי זה דומה לנשמה בלתי גוף, שאין לה שכר ומעשה וחשבון, עד היותה מתקשרת בתוך הגוף, בהיותו שלם מתוקן במצות התורה בתרי"ג מצות. **וכן בהפך** בהיותו עוסק בחכמת המשנה והתלמוד בבלי, ולא ייתן חלק גם אל סודות התורה וסתריה, כי **הרי זה דומה לגוף היושב בחושך**, בלתי נשמת אדם נר הוי"ה המאירה בתוכה, **באופן שהגוף יבש בלתי שואף ממקור חיים**, אשר זהו ענין אומרו במקום אחר ההוא הנזכר לעיל וז"ל - דאילין אינון דעבדי לאורייתא יבשה, ולא בעאן לאשתדלא בחכמת הקבלה וכו'. באופן כי התלמידי חכמים העוסקים בתורה לשמה, ולא לשמו, לעשות לו שם. צריך שיעסוק בתחילה בחכמת המקרא, והמשנה, והתלמוד, כפי מה שיוכל שכלו לסבול. ואחר כך יעסוק לדעת את קונו בחכמת האמת, וכמו שציוה דוד המלך ע"ה את שלמה בנו - דע את אלה"י אביך ועבדהו. ואם האיש הזה יהיה כבד וקשה בענין העיון בתלמוד, מוטב לו שיניח את ידו ממנו, אחר שבחן מזלו בחכמה זאת, ויעסוק בחכמת האמת. וזה שמבואר כל תלמיד חכם שאינו רואה סימן יפה בתלמודו בחמשה שנים, שוב אינו רואה, עד כאן דברי קודשו. ומזה כל אחד ואחד חייב להדבק במקור החיים.

חסדך הוי"ה מלאה הארץ חקיך למדני. בשער הגלגולים, בקדמה ט"ז כתב הרב ז"ל - עוד צריך שתדע, כי האדם צריך לקיים כל התרי"ג מצות, במעשה, ובדבור, ובמחשבה. וכמו שאמרו ז"ל על פסוק - זאת התורה לעולה ולמנחה וכו', כל העוסק בפרשת עולה, כאלו הקריב עולה וכו'. וכוונו בזה שהאדם מחוייב לקיים כל התרי"ג מצות בדבור, וכן על דרך זה במחשבה. ואם לא קיים כל התרי"ג בשלשה בחינות הנזכרות, מחוייב להתגלגל עד שישלים אותם. **עוד דע**, כי האדם מחויב לעסוק בתורה בארבעה מדרגות, **שסימנם פרד"ס**, והם, פשט, רמז, דרוש, סוד וצריך שיתגלגל שישלים אותם. ובהקדמה י"ז כותב הרב ז"ל, וז"ל - שהאדם **מחוייב לעסוק בתורה בארבעה מדרגות שבה**, והיא זאת, דע, כי כללות כל הנשמות הם ששים רבוא ולא יותר. והנה התורה היא שרש נשמות ישראל, כי ממנה חוצבו, ובה

ע"ח ד"א ע"ד.

נשרשו. ולכן יש בתורה ששים רבוא פירושים, וכלם כפי הפשט. וששים רבוא ברמז. וששים רבוא בדרש. **וששים רבוא בסוד**. ונמצא, כי מכל פירוש מן הששים רבוא פירושים, ממנו נתהווה נשמה אחת של ישראל, ולעתיד לבא כל אחד ואחד מישראל, ישיג לדעת כל התורה כפי אותו הפירוש המכוון עם שרש נשמתו, אשר על ידי הפירוש ההוא נברא ונתהווה כנזכר. וכן בגן עדן אחר פטירת האדם, ישיג כל זה. וכן בכל לילה כאשר האדם ישן, ומפקיד נשמתו ויוצאה ועולה למעלה, הנה מי שזוכה לעלות למעלה, מלמדים לו שם אותו הפירוש, שבו תלוי שרש נשמתו. ואמנם הכל כפי מעשיו ביום ההוא, כך באותה הלילה ילמדוהו, פסוק אחד, או פרשה פלונית, כי אז מאיר בו יותר פסוק ההוא משאר הימים. ובלילה האחרת יאיר בנשמתו פסוק אחר, כפי מעשיו של אותו היום, וכולם על דרך הפירוש ההוא אשר תלויה בו שרש נשמתו כנזכר, עד כאן דברי קודשו. ור"ל שכל יהודי ויהודי חייב להשיג את שורש נשמתו, וללמוד את סוד **החיים**.

לבאוני רחמיך ואחיה כי תורתך שעשעי. מבואר במדרש משלי - אמר רבי ישמעאל, בוא וראה כמה קשה יום הדין שעתיד הקדוש ברוך הוא לדון את כל העולם כולו בעמק יהושפט. בזמן שתלמידי חכמים באים לפניו, אומר לכל אחד מהם - כלום עסקת בתורה, אמר לו הן, אומר לו הקדוש ברוך הוא הואיל והודית, אמור לפני מה שקרית, ומה ששנית בישיבה, ומה ששמעת בישיבה. מכאן אמרו - כל מה שקרא אדם יהא תפוש בידו, ומה ששנה כמו כן, שלא תשיגהו בושה ליום הדין. מכאן היה רבי ישמעאל אומר - אוי הלה לאותה בושה, אוי לה לאותה כלימה, ועל זה ביקש דוד מלך ישראל בתפילה ובתחנונים לפני המקום ואמר - הוי"ה בוקר תשמע קולי קולי בוקר אערך לך ואצפה. בא לפניו מי שיש בידו מקרא ואין בידו משנה, הקדוש ברוך הוא הופך את פניו ממנו, ושרי גיהנם מתגברים בו כזאבי ערב, ונוטלין אותו ומשליכין אותו לתוכה. בא לפניו מי שיש בידו שני סדרים או שלושה, אז הקדוש ברוך הוא אומר לו - בני, כל ההלכות למה לא שנית אותם, ואם אומר הקדוש ברוך הוא הניחוהו, מוטב, ואם לאו עושין לו כמידת הראשון. בא לפניו מי שיש בידו הלכות, הקדוש ברוך הוא אומר לו - בני, תורת כהנים למה לא שנית, שיש בה טומאה וטהרה, וטומאת שרצים וטהרת שרצים, טומאת נגעים וטהרת נגעים, טומאת נתקים ובתים וטהרת נתקים ובתים, טומאת זבים ולידה וטהרת זבים ולידה, טומאת מצורע וטהרתו, סדר ווידוי יום הכיפורים, וגזירות שוות, ודיני ערכים, וכל דין שדנו ישראל לא דנו אלא מתוכו. בא לפניו מי שיש בידו תורת כהנים, אומר לו הקדוש ברוך הוא - בני, חמישה חומשי תורה למה לא שנית, שיש בהם קריאת שמע, ותפילין, ומזוזה. בא לפניו מי שיש בידו חמישה חומשי תורה, אומר לו - בני, למה לא למדת הגדה, ולא שנית, שבשעה שחכם יושב ודורש, אני מוחל ומכפר עוונותיהם של ישראל, ולא עוד אלא בשעה שעונין אמן יהא שמיה רבה מברך, אפילו נחתם גזר דינם אני מוחל ומכפר להם עוונותיהם. בא לפניו מי שיש בידו הגדה, אומר לו הקדוש ברוך הוא - בני, תלמוד למה לא שנית, שנאמר - כל הנחלים הולכים אל הים והים איננו מלא, זה התלמוד, שיש בו חכמות הרבה. בא מי שיש בידו תלמוד, הקדוש ברוך הוא אומר לו - בני, הואיל ונתעסקת בתלמוד, **צפית במרכבה, צפית בגאוה**, שאין הנייה בעולמי, אלא בשעה שתלמידי חכמים יושבים ועוסקים בתורה, מציצין ומביטין ורואין והוגין המון התלמוד הזה - **כסא כבודי היאך הוא עומד. רגל הראשונה במה היא משמשת, שנייה במה היא משמשת, שלישית במה היא משמשת, רביעית במה היא משמשת, חשמל היאך הוא עומד, ובכמה פנים הוא מתהפך בשעה אחת, לאי זה רוח הוא משמש, הברק היאך הוא עומד, כמה פנים של זוהר נראין בין

כתפיו, לאיזה רוח משמש, כרוב היאך הוא עומד, לאי זה רוח הוא משמש. גדולה מכולם עיון כיסא הכבוד, היאך הוא עומד, עגול הוא כמין מלבן, ומתוקן הוא, כמה גשרים יש בו, כמה הפסק בין גשר לגשר, וכשאני עובר באיזה גשר אני עובר, ובאי זה גשר האופנים עוברים, ובאיזה גשר הגלגלים עוברים. גדולה מכולם מצפורני ועד קודקודי, היאך אני עומד, כמה שיעור בפיסת ידי, וכמה שיעור אצבעות רגלי. גדולה מכולם כיסא כבודי, היאך הוא עומד, לאיזה רוח הוא משמש, באחד בשבת לאיזה רוח הוא משמש, בשני בשבת לאיזה רוח הוא משמש, בשלישי בשבת לאיזה רוח הוא משמש, ברביעי בשבת, בחמישי בשבת, בשישי בשבת לאיזה רוח משמשין, וכי לא זהו הדרי, זהו גדולתי, זהו הדר יופי, שבבניי מכירין את כבודי **במידה הזאת**. ועליו אמר דוד - מה רבו מעשיך הוי"ה, כולם בחכמה עשית, מלאה הארץ קנייניך. עד כאן לשון המדרש. ממדרש זה לומדים על חובת כל אחד ואחד מישראל את לימוד כל חלקי הפרד"ס, ובעיקר את בחינת הסוד שבתורה, הנקרא[8] מעשה מרכבה, ובמעשה בראשית. ומבאר הרב בית לחם יהודה על השינוי שיש בפסוקים במעמד הר סיני, בפסוק אחד כתוב - ויחן שם **ישראל** תחת ההר. ומספר פסוקים יותר מאוחר כתוב וירא **העם** וינועו מרחק. וידוע כי כאשר כתוב בתורה **ישראל**, מדובר **בבני ישראל**, וכאשר כתוב **העם**, מדובר על **הערב רב**. וז"ל הרב בית לחם יהודה - ובזוהר בהעלותך דף קנ"ב ע"א קרי להעוסקים בחכמת האמת, אינון דהוי קיימי בטורא דסיני. וז"ל - חכמין עבדי דמלכא עלאה אינון דקיימו בטורא דסיני, לא מסתכלי אלא בנשמתא, דאיהי עיקרא דכלא אורייתא ממש וכו'. ונראה בעיני אם מותר, משמע אותן שאינן יודעים סודות התורה לא עמדו על הר סיני, עד כאן לשונו. ונראה לי בביאור כוונתו כי בתחילה כשיצאו ישראל לקראת האלהי"ם, היו מתייצבים בתחתית ההר, ואחר כך נאמר וירא העם וינועו ויעמדו מרחוק, כי היו יראים פן תאכלם האש הגדולה הזאת וימיתו. והיה מקצת מהעם שהיו ששים ושמחים לקראת השכינה, ולא רצו לזוז ממקומם הראשון, ולעמוד מרחוק, אפילו אם ימיתו ממש. ועליהם הוא מה שכתב בזוהר הנזכר - אינון דקיימו בטורא דסיני, כלומר ולא נעו ועמדו מרחוק, אלא עמדו בטורא דסיני מתחילה ועד סוף, ולכן הם זוכים לחכמת האמת. ואותם הנשמות אשר נעו עם העם ועמדו מרחוק, כן הם עושים גם עתה, שנסים ועומדים מרחוק לחכמת האמת מיראתם, פן תאכלם האש הגדולה הזאת. ולכן על כל אחד ואחד מבני ישראל הקדושים מחויב לעמוד תחת עץ החיים.

יראיך יראוני וישמחו כי לדברך יחלתי. בספר הזוהר הקדוש מבואר מדוע התפילות של בני ישראל לא נענות, וז"ל תיקוני הזוהר תיקון מ"ג - **בראשית תמן את' יב"ש** במלת בראשית יש אותיות את"ר יב"ש, **ודא איהו ונהר יחרב ויבש** היסוד הנקרא נהר יחרב ויבש ממי השפע, ואין לו מה להשפיע למלכות, **בההוא זמנא דאיהו יבש** באותו הזמן שהיסוד הוא יבש, **ואיהי יבשה** המלכות הנקראת יבשה, היא יבשה כי לא מקבלת שפע מהיסוד, אז כאשר **צווחין בניו לתתא** מתפללים וצועקים בני ישראל, **ביחודא ואמרין** וביחוד שאומרים בני ישראל **שמע ישראל** ז"א הנקרא ישראל להתיחד עם נוקבא בשעת התפילה דעמידה, עם כל זאת **ואין קול** של התפילה או הקריאת שמע שעוזרים לזיווג דזו"ן **ואין עונה** ואין מי שיענה וימלא את הבקשות בתפילתם. **הדא הוא דכתיב** וזהו שכתוב - **אז** בני ישראל יקראונני בני ישראל בעת צרתם בקריאת שמע ובתפילה, **ולא אענה** ואני לא אענה אותם בתפלתם, מפני

גמרא חגיגה די"א ע"ב

שלא לומדים ומתעסקים בפנימיות התורה. **והכי מאן דגרים דאסתלק** וכל מי שגורם הסלקות פנימיות תורת **הקבלה וחכמתא מאורייתא דבעל פה ומאורייתא דבכתב** מהתורה שבעל פה והתורה שבכתב, **וגרים דלא ישתדלון בהון** וגורמים גם לאחרים שלא יתעסקו וילמדו את חכמת הקבלה, **ואמרין דלא אית אלא פשט באורייתא ובתלמודא** ואומרים שאין בתורה ובתלמוד אלא פשט התורה, בלי פנימיות הסוד, **בודאי כאלו הוא יסלק נביעו מההוא נהר** בודאי נחשב לו כאלו הוא מסתלק את נביעת שפע החכמה והבינה מן היסוד, **ומההוא גן** ומן הנוקבא הנקראת גן, **ווי ליה** לאותו יהודי **טב ליה דלא אתברי בעלמא** טוב לו שלא היה נברא, **ולא יוליף ההיא אורייתא דבכתב ואורייתא דבעל פה** ולא היה לומד תורה שבכתב ותורה שבעל פה, כי דינו כעם הארץ שלא למד כלל, ועוד **דאתחשב ליה כאלו אחזר עלמא לתהו ובהו** שנחשב לו כאלו החזיר את העולם לתהו ובהו, ר"ל לסוד שבירת הכלים לפי שמגביר הקליפות כאשר הנהר והגן יבשים, **וגרים עניותא בעלמא ואורך גלותא** וגורם עניות בעולם ומאריך את הגלות השכינה וביאת המשיח. עד כאן דברי הזוהר הקדוש. וכותב רב חיים ויטאל זלה"ה בהקדמה וז"ל - אמנם שעשועות של הקדוש ברוך הוא בתורה, והיותו בורא בה את העולמו, היתה בהיותו עוסק בתורה בבחינת הנשמה הפנימית שבה, הנקרא - רזי תורה, הנקרא מעשה מרכבה, **היא חכמת הקבלה** כנודע אל היודעים, וטעם הדבר הוא להיותו עולם האצילות העליון מאד, טוב ולא רע, דלא יכיל להתערבא עמיה קליפה, ועליה אתמר - וכבודי לאחר לא אתן, כנזכר בספר התיקונין דף ס"ו תיקון י"ח, וכן בספר הזוהר בפרשת בראשית דף כ"ח ע"א עיין שם. ולכן גם התורה אשר שם]**אח**[**י** - בעולם האצילות[איננה רק מופשטת מכל לבושי הגופנים, מה שאין כן למטה בעולם היצירה, עולם דמטטרו"ן, הנקרא עבד טוב, והוא הנקרא עץ הדעת טוב מסטרא, ומסטרא דסמא"ל שהוא קליפין דיליה, **נקרא עבד רע**, כי התורה אשר שם, הם שית סדרי משנה **הנקראים שפחה** כנזכר לעיל, וכנזכר בפרשת בראשית שם דף כ"ז ע"א. ולכן נקראת משנה, לפי ששם יש שינויים הפוכים **טוב מסטרא דעבד טוב**, היתר, כשר, טהור. **רע מסטרא דעבד רע**, איסור, טמא, פסול. גם הוא מלשון כי מרדכי היהודי משנה למלך, שהיה שפחה הנקרא עבד מלך, מלך גם נקרא מלשון שינה, כנזכר בפרשת פינחס דף רמ"ד ע"ב - קם זמנא תנינא ואמר, מארי מתניתין נשמתין ורוחין ונפשין דילכון אתערו כען ואעברו שינתא מניכון דאיהו, ודאי משנה אורח פשט, דהאי עלמא ואנא לא אתערנא בכו, אלא ברזין עילאין דעלמא דאתי דאתון בהון, לא ינום ולא ישן. וזה יובן במה שמבואר יותר למעלה שם - **ורבנן דמתניתין ואמוראי, כל תלמודא דלהון על רזין דאורייתא סדרו ליה**. ונמצא כי המשנה והש"ס הם הנקרא גופי תורה. והנה דבריהם כחלום בלי פתרון, **ורזיה וסתריה הפנימים הנקרא נשמת התורה, הם הם פתרון החלום הנפתר בהקיץ**, בסוד - אני ישנה ולבי ער, וכמו[9] שאמרו חכמים ז"ל - **במחשכים הושיבני כמתי עולם, זה תלמוד בבלי**, אשר איננו מאיר אלא על ידי ספר הזוהר, **הם הם רזי תורה וסתריה** אשר עליהם נאמר - ותורה אור. ואין ספק כי כמו שהיצר נקראת עבד ושפחה בערך האצילות, ונקרא קליפין ולבושין דחול, כנזכר בהקדמת ספר התיקונין ד"ג ע"ב וז"ל - וביומי דחול לביש עשר כתות דמלאכיא דמשמשי לעשר ספירות דבריאה. ואם כן אין לתמוה כי התורה אשר שם שהיא המשנה, תהיה נקרא שפחה וקליפין דתורה דאצילות, וזה סוד כל הבשר חציר הנזכר לעיל במאמר הראשון, כי כמו שהחטה שהיא בגימטריא כמנין כ"ב אותיות התורה, הגנוזה תוך

סנהדרין דכ"ד ע"א.

כמה קליפין ולבושין שהם הסובין והמורסן והתבן והקש והעשב, הנקרא חציר, כן המשנה אצל סודות התורה נקרא חציר, וזה נרמז בספר הזוהר פרשת פנחס כי תצא ברעיא מהמנא דף רע"ה ע"ב - **אצל רבנן ווי לאינון דאכלין תבן דאורייתא, ולא ידעי בסתרי אורייתא, אלא קלין וחמורין דאורייתא, קלין אינון תבן דאורייתא, וחמורין אינון חטה דאורייתא, ח"ט ה' אלנא דטוב ורע וכו'**. ואלו באתי להרחיב דרוש זה לא יספיקו מאה קונטרסין בלי ספק בלי שום גוזמא, האמנם החכם עיניו בראשו כי דברי אמת אני אומר, ואל יתמה האדם בראותו ספר הזוהר איך קורא אל המשנה שפחה וקליפין, כי עסק המשנה כפי פשטיה, **אין ספק שהם לבושין וקליפין חיצונים בתכלית אצל סודות התורה הנגנזים**, ונרמזים בפנימיותה כי כל פשטיה הם בעלם הזה בדברים חומרים תחתונים..... על כן על כל בני ישראל לאכול מעץ החיים.

מה אהבתי תורתך כל היום היא שיחתי. ומבאר הרב ז"ל בהקדמה לשער המצות, כי עסק לימוד פנימיות התורה הוא חלק בלתי נפרד מתלמוד תורה, וז"ל - גם בענין עסק התורה שהיא אחת מרמ"ח מצות עשה, אם לא השלים אותה, **שהוא ענין עסקו בפרד"ס התורה**, שהוא ראשי תיבות **פשט רמז דרש סוד**, בכל בחינה מהם כפי אשר יוכל להשיג, **עד מקום שידו מגעת**, לטרוח ולעשות לו רב שילמדנו. ואם לא עשה כן, הרי חסר מצוה אחת של תלמוד תורה, שהיא גדולה ושקולה ככל המצות, וצריך **להתגלגל** עד שיטרח הארבעה בחינות של פרד"ס כנזכר. וכן מבאר הרב בית לחם יהודה בהקדמתו הקדושה, וז"ל - ומה מאד נמלצו [**אח"י** - מלשון מליצה] בזה דברי הנביא ירמיה)סימן כ"ב(באומרו - אל תבכו למת וכו'. שהוא מדבר עם הציבור המתקבצים להספיד על איזה צדיק הנפטר רח"ל, על שנחסר צדיק אחד מהדור שהיה מנין בזכותו עליהם. וקאמר להו הנביא אל תבכו וכו', **לפי שרובם של צדיקים אינם זוכים לעסוק בכל ארבעה חלקי הפרד"ס, ואם כן מוכרחים הם לחזור ולבוא בגלגול כדי להשלים לימודם בארבעה חלקים**, כי אפילו הוא עסק בשלוש חלקי הפרד"ס, לא יצא ידי חובתו, ועליו נאמר הן כל אלה יפעל א"ל פעמים שלש עם גבר, להחזירו בגלגול. ואם כן הויא פסידא דהדרא. ואפשר שבו ביום שנפטר הוא חוזר ומתגלגל, כנזכר בזוהר ריש פרשת אמור, יעו"ש. ואם כן אין לכם פסידא כל כך. אמנם בכו בכו להלך, לאותו צדיק שכבר עסק בארבעה חלקי הפרד"ס. כי תיבת להלך היא חסר ו', ואם תחשוב תיבת להלך ארבעה פעמים עם ארבעה הכוללים, שהם כנגד ארבעה חלקי הפרד"ס, הם בגימטריא פרד"ס. **שזה הצדיק לא ישוב עוד וראה את ארץ מולדתו, כי על ארבעה לא אשיבנו**. שזהו פסידא דלא הדרא באמת, ונחסר לגמרי מן העולם הזה, עד כאן לשונו. ולכן חובה על כל אדם לעסוק בכל חלקי הפרד"ס, ובפרט בחלק הסוד, הנקרא פנימיות התורה, כמבואר בזוהר הקדוש כמובא בזוהר הקדוש פרשת נשא דף קכ"ד - **בהאי חבורא דילך דאיהו ספר הזוהר יפקון ביה מן גלותא ברחמי**, בזכות הלימוד בספר הזוהר הקדוש, יצאו בני ישראל מהגלות **ברחמים**. ועוד כל מי שחשקה נפשו ללמוד, אסור למנוע זאת ממנו, בסוד הפסוק[10] - אל תמנע טוב מבעליו, ועל כל אדם להיכנס לפרד"ס החיים.

אשרי האיש אשר לא הלך בעצת רשעים ובדרך חטאים לא עמד ובמושב לצים לא ישב. דע כי יהיו הרבה אנשים רשעים, שינסו למנוע מבני ישראל הקדושים ללמוד בכללות תורה, ובפרט

משלי ג' כ"ז — אל תמנע טוב מבעליו בהיות לאל ידך לעשות.

את תורת הקבלה, מכל מיני סיבות ומניעות, והשטן מדבר מגרונם של אלו הרשעים. ואלו דברי קודשו של בעל שבט מוסר רבינו אליהו הכהן האתמרי זצלה"ה - ובהביטך בן אדם מה שעבר על אחרים למה תרדוף אתה אחר כל אלה הדברים הזרים, להשביע נפש מרורים ולמוסרה ביד צרים המה המקטרגים הצוררים, ולמה לא תחמול על נפשך ועל נועם תבנית צלם גופך למוסרו בידן ולהשליכו בתוך גחלי רתמים בטיט היון של גיהנם, להשחירו ולהתיכו כאשר ניתך הזפת בפני האש, אשר על כן תן עצה אתה בנפשך **לברור בדרך החיים בעסק התורה והמצות**, וגם להצטער עצמך זמן קצוב הם חיי עולם הזה, כדי שתתענג זמן רב בלתי סוף ותכלית, ואל יעלה על דעתך כאשר עלה בדעת הרבה שנאבדו בידם באומרם כיון שמכיר אני בעצמי שאין בדעתי להבין ולהשכיל, איני עוסק בתורה, טועה הוא בדבר, שהרי הוא מחוייב לעשות מה שנצטוה לעשות, ואם יבין יבין, **שהרי והגית בו יומם ולילה כתיב** ולא כתיב ותבין בו, וכן תמצא בדברי התנא אם למדת תורה הרבה נותנין לך שכר הרבה, ואינו אומר אם הבנת הרבה, אלא למדת אמרו, ותשתדל להבין ואם תבין תבין, ואם לא שכר לימודך בידך, וכמאמר התנא לפום צערא אגרא, ומה גם שאמרו האדם איני לומד מפני שאיני מבין, **הוא פיתוי היצר**, יתמיד בלימודו וסוף הבינה לבא, שבראות קדוש ברוך הוא **חשקו בתורתו ודבקותו בה, פותח לו מעייני החכמה**, דכתיב - כי הוי"ה יתן חכמה מפיו דעת ותבונה. והנני מוסר לך דבר אשר תרדוף אחריה, ויהיה חיים לנפשך ועניקים לגרגרותיך, **לעולם יהיה עיקר לימודך בדבר של תורה שליבך חפץ יותר**, אם בגמרא גמרא, ואם בדרוש דרוש, ואם ברמז רמז, **ואם בקבלה קבלה**, ורמז לדבר כי אם בתורת הוי"ה חפצו, כלומר תורת הוי"ה תלויה בדבר שלבו חפץ לעסוק, וכמו שמבאר האר"י זלה"ה בספר דרושי הנשמות והגלגולים פרק שלישי, וז"ל - יש בני אדם שכל חפצם ועסקם בפשטי התורה, ויש שעסקם בדרוש, ויש ברמז, ויש גם כן בגימטריות, **ויש בדרך האמת**, הכל כפי מה שעליו נתגלגל בפעם ההוא, כיון שהשלים פעם אחרת בשאר העניינים, אין צורך לו שבכל גלגול יעסוק בכולם, עד כאן לשונו. **ואל תביט ותשגיח לדברי המתנגדים על מה שחשקת לעסוק בתורה** בגמרא או בפשט או בדרוש וכו', באומרם לך למה אתה מוציא כל ימיך בפרט זה של תורה ולא בפרט זה, משום שעל מה שחשקת ללמוד, על דבר זה באת לעולם, ואם תשים דעתך לדבריהם, יכריחוך להתגלגל בזה העולם פעם אחרת ולעבור נפשך בחרב חדה של מלאך המות ולטעום טעם מיתה, ולכן לא תשמע לדברי המשחית נפשך, **כי דע שהשטן מתלבש באלו האנשים לדאוג ולהצטער ולהכאיב נפש הלומד ועוסק בתורה**, בחלק שֶׁאַתָּה נפשו לעסוק, כדי להבדילו משם שלא ישלים נפשו, על מה שבא להשלימה, ולהכריחו גלגולים אחרים, וכשם שבדבר שחושק יותר האדם ללמוד, משם יבין שעל דבר זה נתגלגל להשלים, כך צריך האדם שידע שורש נשמתו ומהיכן נמשך ועל מה בא לתקן ולהשלים, כמו שאמר בזוהר שיר השירים על הגידה לי את שאהבה נפשי וכו'. **וכדי שיבין יראה באיזה מצוה תקיף יצרו יותר לבטלה יתחזק בה לקיימה, כי בוודאי על מצוה זו נתגלגל**, וכדי שלא ישלים חוקו מנגדו יצרו לבטלה להוציאו מן העולם בידיים ריקניות... ולכן לא תשמע לדברי רשעים אלו, אלא תשמע לדברי חיים.

חבר אני לכל אשר יראוך ולשמרי פקודיך. בסוף[11] עץ חיים מובא מספר כללים למהרח"ו, וז"ל - להאר"י זלה"ה. הרמב"ן וחביריו ודברי ראשונים כמו רבי נחוניא בן הקנה לא הזכירו

---

[11]

ע"ח ח"ב דקי"ט ע"א.

רק עשר ספירות, ולא גילו עניני פרצוף כלל. **ודע שהרמב"ן והראשונים היו יודעים בפרצוף**, אלא שדברו בהעלם גדול, לרוב הגלות שלא ניתן רשות לגלות, ולהתפשט האורות הגדולים, מאחר שגברו הקליפות, וכל זר לא יאכל קדש. **אמנם בעקבות משיחא כמו בדורינו זה התחילו האורות להתפשט להיות כבראשונה**, כמו שהיה בזמן העולם מתוקן ולהתתקן מעט. ומתחלה היו האורות סתומים, היה העולם מקולקל, וכל מה שנתקלקל נסתם בגלות, ולא היו משיגין אלא עשר ספירות בסתום, בסוד הנקודות, כל אחד כלול מעשר, ובענין הפרצופים לא נתגלה להם כלל, לפי שמצאו בדברי הראשונים סתומים, ולא ידעו עומק הדברים, וחשבו שכך הוא ודברו בעשר ספירות כל אחד כלול מעשר מעשר ובבחינות הרבה, ולפי שראיתי מי שחולק על דברים אלו לאמור שלא מצינו אלא עשר ספירות, ומהיכן יש לשלוט כח לאמור כמה פרצופים שנמצא יותר מעשר ספירות, ומספר רב והלא הראשונים כתבו בספר יצירה - עשר ולא תשע, עשר ולא י"א, לזה באתי לפתוח לך כחודא דמחטא, אולי תזכה להבין מקצת, וכולו לא תשורנו עין, וזהו. ובהקדמתו[12] הקדושה כותב הרב ז"ל - והנה אין בכל דור ודור שלא נמצאו בו אנשים יחידי סגולה ששרתה עליהם רוח הקודש, והיה אליהו הנביא ז"ל נגלה עליהם, **ומלמד אותם סתרי החכמה הזאת**, וכמו שנמצא כתוב בספרי המקובלים, גם בעל ספר הרקנטי כתב בפרשת נשא בפרשת ברכת כהנים..... ואנשי לבב שמעו לי, אל יהרסו אל הוי"ה, **לראות בספרי האחרונים הבנויים על פי השכל האנושי**, ושומע לי ישכון בטח ושאנן מפחד רעה. ולכן אני הכותב הצעיר חיים וויטאל, רציתי לזכות את הרבים **בהעלם נמרץ והמשכילים יבינו**, וקראתי שם שם החבור הזה על שמי **ספר עץ חיים**, וגם על שם החכמה הזאת העצומה, חכמת הזוהר, הנקרא עץ חיים, ולא עץ הדעת כנזכר לעיל, בעבור כי בחכמה הזאת טועמיה חיים זכו, ויזכו לארצות החיים הנצחיים, **ומעץ החיים הזה ממנו תאכל, ואכל וחי לעולם**. ואשכילך ואורך דרך זו תלך דע מן היום אשר מורי זלה"ה החל לגלות זאת החכמה, **לא זזה ידי מתוך ידו אפילו רגע אחד**, וכל אשר תמצא כתוב באיזה קונטריסים על שמו ז"ל, ויהיה מנגד מה שכתבתי בספר הזה, **טעות גמור הוא, כי לא הבינו דבריו, ואם יש בהם איזה תוספות שאינו חולק עם ספרינו זה, אל תשית לבך בקבע אליו, כי שום אחד מהשומעים את דברי קדשו, לא ירדו לעומק דבריו וכוונתו, ולא הבינום**, בלי שום ספק. ואם יעלה בדעתך לחשוב שתוכל לברור הטוב ולהניח הרע, אל בינתך אל תשען, כי אין הדברים האלו מסורים אל לב האדם כפי שכל אנושי, והסברא בהם סכנה עצומה, ויחשב בכלל קוצץ בנטיעות חס ושלום, לכן הזהרתיך ואל תסתכל בשום קונטרסים הנכתבים בשם מורי זלה"ה, זולתי במה שכתבנו לך בספר הזה, **ודי לך בהתראה זאת**, אלו הם דברי קודשו. ועלינו ללמוד אך ורק בתורת מורינו חיים.

אני קראתיך כי תעני אל הט אזנך לי שמע אמרתי. עוד כתב הרב ז"ל בהקדמתו תנאים כדי לזכות לחכמה הקדושה הזאת, וז"ל - אני הכותב משביע בשמו הגדול יתברך, לכל מי שיפלו הקונטרסים אלו לידו, שיקרא הקדמה זאת, ואם אותה נפשו לבוא בחדרת החכמה זאת, יקבל עליו לגמור ולקיים כל מה שאכתוב עליו ויעיד יוצר בראשית, שלא יבוא אליו היזק בגופו ונפשו, ובכל אשר לו, ולא לאחרים. תחת רודפו טוב והבא לטהר ולקרב. **ראשית הכל יראת הוי"ה, להשיג יראת העונש, כי יראת הרוממות, שהוא יראה הפנימית, לא ישיגוהו רק**

12

ע"ח ד"ד ע"ב.

מתוך גדלות החכמה, ועיקר מגמתו בידיעה הזה יהיה לבער קוצים מן הכרם, כי לכן נקראים העוסקים בחכמה הזאת מחצדי חקלא. **ובודאי שיתעוררו הקליפות נגדו לפתותו ולהחטיאו, לכן יזהר שלא לבוא לידי חטא אפילו שוגג,** שלא יהיה להם שייכות בו, לכן צריך ליזהר מהקלות, כי הקדוש ברוך הוא מדרדק עם הצדיקים כחוט השערה, לכן צריך לפרוש עצמו מבשר ויין כל ימות השבוע, **וצריך הזהרת סור מרע ועשה טוב,** ובקש שלום. בקש שלום צריך להיות רודף שלום, ולא להקפיד בביתו על דבר קטן וגדול, וכל שכן שלא יכעוס ח"ו.

וצריך להתרחק בתכלית הריחוק סור מרע.

א. ליזהר בכל דקדוקי מצות, ואפילו בדברי חכמים, שהם בכלל לא תסור.

ב. לתקן המעוות קודם שיבא לעולם הבא.

ג. יזהר מהכעס, אפילו בשעה שמוכיח את בניו, לא יכעוס כלל ועיקר.

ד. גם צריך ליזהר מהגאוה, ובפרט בענין הלכה, כי גדול כחה והגאוה, בזה עון פלילי.

ה. בכל צער שיבא לו, יפשפש במעשיו ויישוב אל הוי"ה.

ו. גם יטבול בעת הצורך לו.

ז. גם יקדש את עצמו בתשמיש המטה שלא יהנה.

ח. שלא יעבור כל לילה ויחשוב בכל לילה מה שעשה ביום, ויתודה.

ט. גם ימעט בעסקיו ואם אין לו פרנסה כי אם על ידי משא ומתן, יכין יום שלישי ויום רביעי, מחצי היום ואילך, ובכוונה שהוא לעבודת קונו.

י. כל דבור שאינו של מצוה והכרחי, יהיה זהיר ממנו, ואפילו דבר מצוה ימנע בשעת התפלה.

ועשה טוב

א. לקום בחצי הלילה, ולעשות הסדר בשק ואפר ובכי גדול, ובכוונה כל אשר יוציא בשפתיו. ואחר כך יעסוק בתורה כל זמן שיוכל להיות בלי שינה, ובלבד שחצי שעה קודם עלות השחר יתעורר לעסוק בתורה.

ב. ילך לבית הכנסת קודם עלות השחר, קודם חיוב טלית ותפילין, להיזהר שיהיה מעשרה ראשונים.

ג. קודם שיכנס, ישים אל לבו מצות עשה ואהבת לרעך כמוך, ואחר כך יכנס.

ד. להשלים רמז צדיק בכל יום. שהוא צ' אמנים, ד' קדושות, י' קדישים, ק' ברכות.

ה. שלא להסיח דעתו מהתפילין בעת התפילה, זולת בעת העמידה ועסק התורה.

ו. צריך שיהיה עוסק בתורה, מעוטף בטלית ותפילין.

ז. לכוין בתפלה הכוונות, כמו שנבאר בע"ה.

ח. שישים תמיד נגד עיניו שם בן ארבעה אותיות הוי"ה, ויזדעזע ממנו, כמו שכתוב - שויתי הוי"ה לנגדי תמיד.

ט. שיכוין בכל הברכות, בפרט בברכת הנהנין.

י. צריך שיהיה עמל בתורה פרד"ס, שנאמר או יחזיק במעוזי, ואל יחשוב שיגלו לו רזי התורה בהיותו ריק, כדכתיב - יהב חכמתא לחכימין, וצריך ליזהר שלא יוציא בשפתיו בחכמה זו, מה שלא שמע מאדם שראוי לסמוך עליו, וכאזהרת רשב"י וחבריו. השגת החכמה תנאי הראשון, צריך למעט דבורו, ולשתוק, כל מה שיוכל כדי שלא להוציא שיחה בטילה, כמאמר רז"ל - סייג לחכמה שתיקה. גם תנאי אחר, על כל דבר תורה שלא תבינהו, תבכה עליו כל מה שתוכל.

גם עלית הנשמה בלילה לעולם העליון, שלא תשוט בהבלי העולם, תלוי שתישן בבכיה. ומרת עצבות מגונה עד מאוד, ובפרט להשיג חכמה, והשגה אין לך דבר מונע השגה יותר מזה. גם בענין השגת האדם, אין לך דבר שמועיל כמו הטהרה והטבילה, שיהיה האדם טהור, בכל עת ומורי זלה"ה עם היות שהיה לו חולי השבר שהקור מזיק לו, עם כל זה לא היה מונע מלטבול בכל עת, עד כאן דבריו קודשו. ועלינו לקיים את בקשת הרב ז"ל את הבחינות של[13] סור מרע ועשה טוב, כדי לטפס בעץ החיים.

מרן הרש"ש מעיד[14] על עצמו, וז"ל - וראיתי מה שכתבו מעלת כבוד תורתם, על ענין עבודת הוי"ה שקצרתי במקום שהיה ראוי להרחיב מעט הדיבור, אמת הוא כי לכתחילה קצרתי בו, **ויען ראיתי כמה מהנזק יצא ממה שכתבו בזה המקובלים שקדמו, כי רבים חללים הפילו, וחללול כבוד הוי"ה, וכבוד התורה. הוי"ה יכפר בעדם, כי כל דבריהם לא על פי התורה הם, ואינם מיוסדים על האמת, ומהם יצאו אבות, ומאבות תולדות הריסת יסודי התורה ח"ו, הוי"ה** יכפר. **וכל זה לא שלמדתי בדבריהם ח"ו,** אלא שפעם אחת הוכרחתי בעל כרחי לעיין בדף אחד שכתוב בו קצור מה שכתבו בענין זה, **וכמעט שקרעתי בגדי לראות דברים אשר לא כן על הוי"ה.** הוי"ה יכפר, וכבר מילתי אמורה להם, **כי עידי בשמים כי כל עסקי ולמודי, אינו רק בדברי האר"י זלה"ה, ותלמידו מהרח"ו ז"ל לבדם, ובלעדם אין לי עסק בשום ספר מספרי המקובלים ראשונים ואחרונים, ואפילו בדברי שאר תלמידי האר"י ז"ל לא למדתי, וכשיזדמן לפני דבר מדבריהם, אני מדלגו.** כי על כן איני כמזהיר, אלא כמזכיר, למען הוי"ה אל יהי לכם מגע יד בדבריהם, ובפרט בענין זה, השמרו לכם פן יפתה לבבכם, **אלא כל לימודם לא יהיה אלא בעץ חיים ובספר מבוא שערים ובשמונה שערים המפורסמים,** שכולם דברי אלהי"ם חיים. ואני קצרתי בענין זה כל מה שאפשר, כי יראתי פן יפלו דפים אלו ביד מי שעדיין לא למד דברי האר"י ז"ל כראוי, **ויחשידני שלמדתי בספרים אחרים, ולא כן הוא כאמור,** ולכן קצרתי בו, ופיזרתי בהקדמה, עד כאן דברי קודשו של מרן הרש"ש. ואנחנו תפילה שיתגלה משיח צדיקנו במהרה בימינו, ומלאה[15] הארץ דעה את הוי"ה כמים לים מכסים, דעת תורת החיים.

---

[13]
תהלים ל"ד ט"ו – סור מרע ועשה טוב בקש שלום ורדפהו.

[14]
נהר שלום דף ל"ד ע"א.

[15]
ישעיהו י"א ט' – לא ירעו ולא ישחיתו בכל הר קדשי כי מלאה הארץ דעה את הוי"ה כמים לים מכסים.

כתב רבינו גאון הקבלה רבי אליהו מני, רבו של הרי"ח הטוב, רבי יוסף חיים בעל הספר "בן איש חי", בספרו הקדוש **כסא אליהו** כי על הלומד ללמוד כל מאמר ומאמר חמשה פעמים בלי המפרשים, וינסה להבין את המאמר בעצמו. ואחר כך ילך לראות אם כיוון לדעת המפרשים.

וכן אני הקטן מבקש בכל לשון של בקשה, ללמוד את הדרוש כמו שהוא מובא בספר עץ חיים, ארבעה חמישה פעמים, כדי לנסות להבין את הדרוש. וכל דרוש מובא בתחילת הספר במלואו.

אחר כך יכנס ללמוד את הדרוש עם ביאור הדברים, עוד ארבעה חמישה פעמים, ואחר כך יראה את המקורות להגהות, ודברי רבותינו הקדושים, עם התרשימים וטבלאות.

ואז יעלה ויצליח בלימוד תורת האר"י הח"י.

כתב רבינו **השד"ה** רבי שאול דוויק הכהן, בהקדמת ספרו איפה שלימה, על אוצרות חיים וז"ל - וכדי שיוכל לעלות לימודו למעלה, ריח ניחוח לה'. קודם כל לימוד ימסור עצמו על קדושת ה', כי זה מועיל מאוד, כמו שכתוב בשער הכוונות דף כ"ד ע"ב, כי עתה בזמנינו בעונותינו הרבים אין יכולת לעשות זווג כתיקונו למעלה, ולסיבה זו הקץ מתארך וכו'. אמנם עם כל זה יש קצת תיקון במה שנמסור נפשינו על קידוש ה' בכל הלב, כי על ידי כן אפילו אין בנו שום מעשים טובים, והרשענו עד להפליא. הנה על ידי מסירת נפשינו להריגה, מתכפרים עונותינו כולם, ויש בנו יכולת לעלות עד אימא עילאה, כמו שאמרו חז"ל - גדולה תשובה שמגעת עד כסא הכבוד, שנאמר - שובה ישראל עד ה' וכו', עד כאן דבריו.

וזה הסדר

יקבל עליו ארבע מיתות בית דין, מארבעה אותיות הוי"ה וארבעה אותיות אדנ"י, וליחדם על ידי ארבעה אותיות אהי"ה ועל ידי עסמ"ב

יוד הי ויו הי	א	וליחדם על ידי	א	י	סקילה
יוד הי ואו הי	ה	וליחדם על ידי	ד	ה	שרפה
יוד הא ואו הא	י	וליחדם על ידי	נ	ו	הרג
יוד הה וו הה	ה	וליחדם על ידי	י	ה	וחנק

לְשֵׁם יִחוּד
קֻדְשָׁא בְּרִיךְ הוּא וּשְׁכִינְתֵּהּ

יאהדונהי

בִּדְחִילוּ וּרְחִימוּ   וּרְחִימוּ וּדְחִילוּ

יאההויהה   איההיותה

לְיַחֲדָא אוֹתִיּוֹת י"ה בּו"ה, בְּיִחוּדָא שְׁלִים

יהו"ה

בְּשֵׁם כָּל יִשְׂרָאֵל, לְאַקְמָא שְׁכִינְתָּא מֵעַפְרָא, הָרֵינִי לוֹמֵד בַּסֵּפֶר
קַבָּלָה פְּלוֹנִי שֶׁהוּא כְּנֶגֶד תִּפְאֶרֶת דז"א בְּעוֹלָם הָאֲצִילוּת שֶׁבּוֹ
שֵׁם מ"ה כָּזֶה יוֹ"ד הֵ"א וָא"ו הֵ"א לַעֲשׂוֹת מֶרְכָּבָה. וִיהִי רָצוֹן
מִלְפָנֶיךָ ה' אֱלֹהֵינוּ וֵאלֹהֵי אֲבוֹתֵינוּ שֶׁתִּזְכֵּךְ רוּחֵנוּ וְנַפְשֵׁינוּ שֶׁיְהִי
רְאוּיִם לְעוֹרֵר מַיִן תַּתָּאִין עַל יְדֵי קְרִיאַת סֵפֶר הַקַּבָּלָה הַזֹּאת.
וִיהִי נֹעַם יְהוָה אֱלֹהֵינוּ עָלֵינוּ וּמַעֲשֵׂה יָדֵינוּ כּוֹנְנָה עָלֵינוּ וּמַעֲשֵׂה
יָדֵינוּ כּוֹנְנֵהוּ.

בָּרוּךְ ה' לְעוֹלָם אָמֵן וְאָמֵן, נֶצַח, סֶלָה, וָעֶד.

שער ט' פרק ה'

כאשר היו הי' ניקודים קודם התיקון הנה הג"ר יכולין היו לקבל אור העליון אך הז"ת לא היו יכולין לקבל אור העליון כי אותו האור היורד מלמעלה היו בו פרצוף שלם וע"כ הוצרך התיקון כי אחר שיתוקן ויעשו פרצוף יוכלו לקבלו ואחר שנתקנו ג"ר א"א ואו"א אז א"א אסף אליו נה"י שלו והעלם למעלה בג' אמצעית שבו ושם נתלבשו בתוכם של חג"ת שלו והטעם כי מתחלה כל הקלקול שהיה בז"ת היה מפני שנה"י הם דינין כנודע והיו רוצין הם להתגבר על הרחמים שהם חג"ת והיו רוצין לעלות עד מקום האמצעי' כדי להלבישם ולכללם בתוכם ובזה יתבטלו הרחמים בהיותן נתונין תוך הדינין ולכן יתבטלו ואני חיים שמעתי כי להיות הנה"י יותר מגולים)נ"א דינים גדולים(לכן היו מתגברין על האמצעים כי האמצעים היו קצת מתוקנים בסוד פרצוף או"א משא"כ בנה"י ולפי שאורם מגולין היו מתגברין על האמצעים וכמבואר אצלינו זה קצת בסוד אמרפל וחביריו יע"ש ולכן עתה אספם א"א עצמו לנה"י והכניסם לתוך חג"ת שלו ואז נמתקו הדינין תוך הרחמים ולכן אז יצא ז"א ג"כ בסוד עיבור בבחי' ג' כלילין בג' ואחר שיצאו נה"י דא"א לחוץ יצאו מתוקנים ונתגלו אז כל הו"ק ולכן יצא גם ז"א בבחי' ו"ק מתפשטין וממותקין והנה א"א אסף אליו הניצוצין של חלקו שהיו בסוד אותן ז' מלכים שמתו וכן עשו באו"א וזו"ן וכן בשאר עולמות בי"ע והנשאר שלא היה יכול להתברר ירדו בעמקי הקליפות סוף עשיה ונשארו שם קצת ניצוצי קדושה ולכן היו סוד י' הרוגי מלוכה כדי שיעלו אותם משם.

[דמ"ד ע"ד 88]

פרק ה' מ"ק [16]

דרוש זה מקורו מספר הדרושים וצריך לכתוב מ"ק בראש הדרוש.

פרק זה הוא סתום וחתום, וחסר [17] הרבה. והגו"י והרב שמן ששון כתבו שמכלל הדרוש הזה הוא בשער [18] המלכים פרק ה' מ"ק, ושער [19] ההקדמות בסוד עשרת הרוגי המלכות.

---

[16]

הגהות וביאורים)ד(– דע כי דרוש זה חסר הרבה. עיין שער הקדמות דל"ב ע"ד, וכללות דרוש זה הוא מה שנתבאר בשער י"א פרק ה' מ"ק, עיין שם.

[17]

שמן ששון ש"ט פ"ה, הקדמה דכ"א ע"ב – עיין שער ההקדמות, דרוש המתחיל בטרם שנאצל עולם האצילות דל"ב. ומצאתי בגיליון - נ"ב **דע כי דרוש זה חסר הרבה.** עיין שער ההקדמות, שם באורך. ומכלל דרוש זה הוא מה שכתוב שבשער המלכים פרק ה' מ"ק עד כאן.)שער ההקדמות דרוש עשרת הרוגי מלוכה דף ג"ל(.

[18]

ע"ח שי"א פ"ה מ"ק דנ"ב ע"ג – להר"א הלוי. קודם התיקון לא היה אהבה בעשר ספירות, רק יראה לכל אחד. כיצד החכמה היה לה יראה לעלות לכתר, וכן יראה שנית מלירד לבינה. ועל דרך זה לכולן. גם לא היה ביניהן יחוד, רק נפרדות זה מזה)ואפילו הו"ק נפרדות זו מזו(, כמו שכתבו רז"ל בבראשית רבה, כי העולם נברא בדין, שהוא היראה הנזכרת לעיל, ולא היה עומד, כי נתבטלו המלכים אלו, עד ששתף עמו מידת הרחמים, שהוא התיקון, שאז נמשך ביניהן אהבה ויחוד, ונתיחדו ו"ק בבחינה אחת.

[19]

שער ההקדמות, סוד העשרה הרוגי מלכות דל"ג ע"ג – וזהו גם כן סוד העשרה הרוגי מלכות, שזה היה אחר החורבן אשר העונות גברו מאד, ולכן גברו אז הקליפות, ולא היה כח ללקט ניצוצות הקדושה מן הקליפות, והיה העולם מתמוטט. ולכן אותם הצדיקים שמסרו עצמם על קדוש השם, וגופם אל הקליפות ליהרג על ידם, ואז נשמותיהם יכלו לברר וללקט ניצוצות הקדושה שבתוך הקליפות, והעולם בסוד מ"ן. וזהו סוד מה שאמרו רז"ל על רבי עקיבא - כך עלה במחשבה, שנהרג. ודע כי כמו שנתבאר שהשבעה תחתונות, שהם שבעה מלכים, הם אשר מלכו, ואחר כך מתו, ואחר כך חזרו ונתקנו, ומהם מעלים מ"ן, כך היה גם כן בכלים של חו"ב, אלא שלא היתה שבירתם כשבירת השבעה תחתונות. והענין הוא, כי כבר נתבאר שגם הבינה לא יכלה לקבל האור מן חכמה, אלא בסוד אחור באחור, ולכן אותה בחינת הכלי הראוי לקבל האור פנים בפנים נתבטל, והכלי של הבינה נתמעט קצתו והוקטן, ואותו החלק שנתבטל ירד גם הוא למטה ונפל. וכן החכמה עצמה, כיון שהבינה לא היתה יכולה לקבל האור שלה, גם החכמה לא קבלה חלק הראוי להינתן לה, אם היה פנים בפנים עם בינה, ובחינה זו גם היא ירדה ונפלה למטה. וזהו סוד פסוק - **הצדיק אבד**, כי כאשר הצדיק שהוא היסוד משפיע במלכות, נותנים לו חלקו וחלקה גם כן לתתו לה. וכאשר איננו משפיע במלכות, אין נותנים לו רק חלקו לבד, וענין זה איננו פוגם אליו בעצמו, כי החיסרון והפגם הזה הוא מחמת המלכות שאינה יכולה לקבל. וכן היה בחכמה עם הבינה, באופן שגם מן חכמה ירד בחינת אור שהיה ראוי הוא לקבלו יותר ממה שקבל, וכן הבינה ירד חלק האור הנזכר. ושני בחינות אלו ירדו למטה, ונפלו אל מקום שהיו שם שש הנקודות, אשר נעשה מהם אחר כך בחינת ז"א אחר התיקון כנודע. ואל אלו הבחינות רמזו רז"ל במה שאמרו - נובלות חכמה של מעלה תורה, כי האור שנפל ונבל מן חכמה, ממנו נעשה בחינת ז"א הנקרא תורה כנודע. והענין הוא, כי אחר התיקון כאשר ז"א עולה למעלה, עמו אותם האורות של או"א שנפלו במקומו, הנקראים נובלות כנזכר, והוא מעלה אותם לאו"א קצת קצת בכל פעם שהוא עולה. וסוד הדבר הוא, כי נשמות הצדיקים הם מעלים מ"ן לצורך זווג ז"א ונוקבא בשתי אופנים. **האחד הוא** על ידי נפילת אפים בכל תפילה, שהם מוסרים נפשם למיתה אז כנודע, ועל ידי כך בזמן העלאת נפשם למעלה, הם מעלים ניצוצי הקדושה שבתוך

דע כי בכל מקום שהרב ז"ל מבאר כי המלכים דמיתו ירדו לעולם הבריאה, הכוונה[20] היא לכל עולמות בי"ע, כאשר הכלי הפנימי ירד לעולם הבריאה, הכלי האמצעי לעולם היצירה, והכלי החיצון לעולם העשיה.

ידוע כי ג"ר נקראים פנים בערך ו"ק, והוא כי כל[21] פרצוף נחלק לג' חלקים חב"ד חג"ת נה"י, כאשר חב"ד נקראים כלים פנימיים, חג"ת כלים אמצעיים, ונה"י נקראים כלים חיצוניים. גם הם נקראים[22] נר"ן, כאשר נה"י הוא בכללות

הקליפות שבכל עולם משלושת עולמות בי"ע, אל רחל נוקבא דז"א. האופן **השני הוא** בשעת פטירת, כי אז כשעולות נשמות למעלה, גם הם מעלים ניצוצי קדושה שבתוך הקליפות, בסוד מ"ן אל נוקבא דז"א, ועל ידי כך מזדווגים ז"א ונוקבא, ומתקנים את הניצוצות ההם. וכדוגמא זו כן הוא בז"א ונוקבא, כי כאשר הם עולים אל או"א בעת יחוד שמע ישראל כנודע, אז מעלים עמהם הנובלות של או"א, ומעלים אותם אל אימא בסוד מ"ן אליה, ועל ידי כך גורמים זווג או"א, ומתקנים הניצוצות ההם שעלו קצת קצת בכל פעם. וכך הדבר נמשך עד שיכלו כל הניצוצות להתברר ולהתקן, עד ימות המשיח כנודע אצלינו. והרי נתבאר ענין המלכים של ארץ אדום, מה עניינם אשר כל זה רמזו רז"ל במדרש באמרם - כי קודם לכן היה הקדוש ברוך הוא בונה עולמות ומחריבן, **והבן זה.**

20

ע"ח ש"ט פ"ז מ"ב דמ"ו ע"ב – והנה כאשר יצאו כל האצילות מבחינת ב"ן לבד, והיה כולל עתיק, וא"א, וא"ו, וזו"ן. ואז יצאו תחלה כל הכלים שלהם זה תחת זה עד סיום עולם האצילות, ואחר כך יצאו אורות דב"ן כל פרטי אצילות, ויצא תחלה כתר דעתיק דאצילות, שבו נכללין כל האורות, ונתקיים, ואחר כך יצאה חכמה דעתיק בכלי שלו, ובו היו כלולים כל שאר האורות ונתקיים, ואחר כך יצאה בינה דעתיק, ובו כלולין כל שאר האורות ונתקיים, ואחר כך יצאו שבעה תחתונות דעתיק,)נ"א דדעת(הדעת למטה כל אחד כלול בכלי שלו, ובו כלולים כל שאר האורות, והיה נשבר, **וירד פנימיות הכלי לבריאה, וחיצוניות הכלי ירד ביצירה, וחיצוניות של חיצוניות בעשייה**, ואחר כך האור ההוא נשאר בלי כלי, ושאר האורות ירדו בכלי השני של השבעה תחתונות, וגם הוא נשבר על דרך הנזכר לעיל,)נ"א נשאר ע"ד הנ"ל( )והאור שלו נשאר בלי לבוש, ושאר האורות ירדו לכלי שלמטה ממנו, וכן על דרך זה עד שנגמרו שבעה תחתונות שלו, ואחר כך נכנס הכתר דאריך אנפין בכלי שלו.............

נהר שלום דכ"ד ע"ד – והנה ידוע כי מיתת המלכים היתה בזו"ן דפרטות, ר"ל בזו"ן דעתיק, ובזו"ן דא"א, ובזו"ן דאבא, ובזו"ן דאימא, ובזו"ן דז"א, ובזו"ן דנוקבא, וכל פרצוף מאלו הפרצופים כלול מכל הפרצופים הנזכרים. וזה היה בפרט האחרון דפרטי פרטות, וכמבואר לעיל בהקדמה, וזה היה בפנימיות וחיצוניות דפנימיות, ובחיצוניות ופנימיות דחיצוניות, דפנים ודאחור. **והכלים עם הרפ"ח ניצוצות דמלכים דעתיק נפלו לעתיק דבי"ע, ודא"א לא"א דבי"ע, ודאו"א לאו"א דבי"ע, ודזו"ן לזו"ן דבי"ע. באופן זה כי הכלים הפנימיים דמלכים הנזכרים נפלו לפרצופי הבריאה. והכלים האמצעיים ליצירה. וכלים החיצוניים שלהם לעשיה**. ונתבאר בשער השמות ובכמה מקומות, כי כדי לברור הכלים ושארית הרפ"ח דכל פרט, יורדים כל הפרצופים העליונים דאצילות בימי החול בסוד גלות השכינה, ומתלבשים בפרצופים שכנגדם למטה בבי"ע. עתיק דאצילות בעתיק דבי"ע, וא"א בא"א, ואו"א באו"א, וזו"ן בזו"ן. כלים פנימיים שלהם בבריאה, ואמצעיים ביצירה, וחיצוניים בעשיה. ובי"ע הנזכר מתלבשים בבי"ע דחול, וזה לצורך שארית בירורי כלים ואורות דמלכים דזו"ן דעתיק, וא"א, ואו"א, וזו"ן דאצילות שנפלו לבי"ע על סדר הנזכר. **כי הכלים הפנימים של מלכי עתיק, וא"א, ואו"א, וזו"ן דאצילות נפלו לבריאה. וכלים האמצעיים של המלכים הנזכרים ליצירה. וכלים החיצוניים שלהם לעשיה**, כנודע. ועל כן בימי החול יורדים הכלים דפרצופים העליונים דאצילות על דרך הנז"ל, לברר בחינותיהם שנשארו בבי"ע.

רחובות הנהר ד"ב ע"ב – ובהגיע האור לגבול האצילות, אירע בהם ענין ביטול המלכים, ונפלו הכלים פנימי אמצעי וחיצון עם אורות דרפ"ח, **לבי"ע התחתונים** דאותה הספירה.

21

ע"ח ח"ח ש"ל דרוש א' מ"ב דכ"ו ע"א – דע כי ז"א יש לו ג' פרצופים, וכל אחד כלול מעשרה ספירות, והם זה תוך עשרה, תוך עשרה, ועשרה אחרים בפנימיות כולם. ואלו השלושה פרצופים הם כולם בחינת כלים, והם שלושים כלים, וכולם הם ביחד גוף אחד, וכלי אחד, ובתוכו יש האורות, שהם נר"ן וכו', ובהיות שלושתן יחד זה תוך זה הם שוים בקומתן, אבל לפעמים אין לז"א רק פרצוף החיצון לבד, ולפעמים שנים, ולפעמים שלושתן. ובתחלה מתחיל הז"א להיות בו **פרצוף החיצון**, ואז הוא שיעור קומתו הוא שליש

נקרא נפש, חג"ת רוח, וחב"ד נשמה. הרב ז"ל מבאר[23] בכל המקומות על שבירה, מיתה, וירידת **פנים ואחור** דשבעה התחתונות דנקודים, לפי פשט הדברים נראה שחב"ד חג"ת ונה"י דמלכים נשברו ומתו וירדו לעולמות בי"ע. עם[24] כל

גדלותו לבד והוא **כשיעור קומת נה"י** אחר הגדלות האחרון. ואחר כך נכנס בו **פרצוף אמצעי**, ומתלבש בתוך החיצון, ואז נגדל ז"א ב' שלישי קומתו, **שהם נה"י וחג"ת**, בין בחינת פרצוף החיצון ובין פרצוף האמצעי, כי אמצעי גורם אל החיצון שיגדל כמוהו. ואחר כך נכנס בו **הפרצוף הפנימי**, ומתלבש בתוך האמצעי, ואז גם ב' הפרצופים החיצון ואמצעי נגדלים כאורך הפרצוף הפנימי, ואז נשלם ז"א כשיעור קומתו לג' הפרצופים. והוא כאלו נמשיל משל, **כי החיצון שיעור קומתו כשיעור נה"י דז"א בגדלות, והאמצעי כשיעור נה"י וחג"ת דגדלות, והפנימי כשיעור נה"י חג"ת חב"ד בגדלותו.** ולכן בבא האמצעי מגדיל את החיצון כמוהו, ובבא הפנימי מגדיל שניהן כמוהו.

ע"ח שי"ט פ"י מ"ב דצ"ה ע"ג – והנה הכלים הם שלושה, בחינת **חיצון ואמצעי ופנימי.**

ע"ח ח"ב ש"ל דרוש ב' מ"ב דכ"ז ע"א – באופן כי לכל פרצוף עשר ספירות, הנקרא כלים, ונחלקים לג' חלקים, והם עשר כלים חיצוניות, מדור אל הנפש. עשר כלים אמצעים מלובשים תוך חיצוניות, והם מדור אל הרוח. ועשר כלים פנימים מלובשים תוך הכלים אמצעים, והוא מדור אל הנשמה. והם שלושים כלים, אבל גובה קומתן אינם אלא עשרה, לפי שהם עשר תוך עשר, ועשר תוך עשר.
22

נהר שלום, דרוש הדעת דמ"א ע"ג – ונבאר עתה כל זה בפרטות פרצוף אחד שהוא זעיר, וממנו תקיש בכללות כל הפרצופין יחד, דע כי ז"א הוא פרצוף אחד כולל עצמות וכלים, והכלים שבו הם נכללים בג', כי הכבד למטה, וכולל עשר מדות שהם כל האיברים, ומתלבש ע"י הוורידין שבו, בכל הגוף. והלב גבוה ממנו, וכולל עשר מדות, ומתלבש תוך בחינת הכבד, ע"י הדפקים שבו, ומתפשט בכל הגוף, והמוח גבוה מכולם, וכולל עשר מדות, מתלבשים תוך בחינת הלב, ע"י הגידים, המתפשטים ממנו, ומתפשט בכל הגוף, ועד"ז ממש נחלק העצמות בג', נשמה ורוח ונפש, מתלבשים זה בתוך זה, ומתפשטים בכל הגוף, לכן הכבד משכן הנפש, והלב משכן הרוח, והמוח משכן הנשמה.
23

ע"ח ש"ח פ"ב מ"ת ל"ו ע"ג – אמנם השבעה מלכים תמו, לפי שכליהם נעשו מהסתכלות עין בחוטם פה לבד, והיה חסר מהם אור האזן העליונה. והנה גם בג"ר עצמם יש בהם חילוק בין זו לזו, והוא)נ"א והנה(כי מן הכתר לא ירד ממנו אפילו האחוריים, אלא האחוריים של נה"י בלבד. אבל באו"א של הנקודים ירדו האחוריים שלהם לבד, ונשארו הפנים במקומם. וטעם הדבר הוא כי אלו האורות שנמשכים עד שבולת הזקן נחלקו לשלושה, כי הכתר לקח מבחינת האזן עצמה ממה שהראייה שואבת בהסתכלות באור האזן, ומכל שכן שנכללים בו שני אורות אחרים, ומזה נעשה כלי לכתר נקודים. ואבא לקח ממה שהראייה שואבת מאורות החוטם, וגם אור הפה נכלל בו. והנה הכתר שלקח מן האזן הארתו גדולה מאד לא נשבר כלי שלו, אבל או"א שאין לוקחין רק מן החוטם ופה נשברו האחוריים של כליהם. והנה או"א אם היו מקבלים אור זה של חוטם ופה של א"ק, בהיותו למעלה אל מקום נקבי האזן, אף על פי שלא היו מקבלין מאורות האזן עצמה, רק קצת הארה היו מתקיימין האחוריים של כליהם, אבל כיון שאין מקבלין רק מסיום האזן שהוא מקום שבולת הזקן, לכן אף על פי שלוקחין קצת הארה אינו מועיל להם, ולכן נשברו האחוריים של כליהם. אבל הכתר כיון שלוקחה אור האזן ממש אף על פי שלקחו סיומו כיון שהוא לוקח מעצמותו, די בזה ולא נשבר אפילו האחוריים של כלים דידיה. מה שאין כן באו"א שאינן לוקחין רק הארה בעלמא, וגם שהוא ברחוק מקום. והרי נתבאר שלושה בחינות אלו, והם כי הכתר נתקים כולו. ואו"א נשברו ונפלו האחוריים שלהם. **וזו"ן נפלו פנים והאחוריים שלהם,** והנה זהו הטעם שנרמז בפסוק והארץ היתה תהו ובהו, אשר הוא מדבר בענין מיתת המלכים של הנקודים כנזכר לעיל.

ע"ח ש"ח פ"ו מ"ת דט"ל ע"ג – וכבר נתבאר לעיל כי אלו שבעת מלכים לקחו אורם מגוף א"ק שתחת שבולת הזקן, ולא מלעלה. נמצא שהם חסרים בחינת שלושה אורות עליונים שהם אח"פ, **כי לכן נשברו הפנים והאחוריים שלהם,** ואלו הם בחינת ג' תגין שיש למעלה על כל אות מאלו השבעה הנזכר לעיל. כי הם מורים על הסתלקות האורות והחיות מן הכלים, שהם אותיות, ונשאר האור למעלה מהם ולא בתוכם, כדרך צורת התגין על האותיות. אבל האותיות בד"ק חי"ה הם אחוריים דאו"א שירדו.

ע"ח ש"ט פ"ג מ"ת דמ"ב ע"ד – ונבאר עתה איך בעת מיתת המלכים אלו ירדו הכלים שלהם לעולם הבריאה כנזכר לעיל, משאין כן בארבעה אחוריים דאו"א. כי הנה נתבאר החילוק שהיה בין או"א לשבעה

זאת רק חג"ת נהי"מ דמלכים נשברו ומתו, שהם הבחינה החיצונה והאמצעית, והסיבה[25] שהרב ז"ל קורא לחג"י פנים ואחור היא שמדובר בערכין, כי חג"ת נקראים אחור בערך חב"ד, ונקראים פנים בערך הנה"י. לכן צריך **לזכור ולדעת** כי בכל מקום שנזכר פנים ואחור דז"א דמקרה המלכים, מדובר אך ורק בו"ק דז"א.

להבין את דברי קודשו של הרב ז"ל, **צריך לדעת מה**[26] ההבדל בין נקודה, לספירה, לפרצוף. והוא **נקודה היא** בחינת המלכות דאותה ספירה, ר"ל בחינת העשייה דאותו שיעור קומה של עשר ספירות, הנקרא אבי"ע. כאשר האצילות דאותה ספירה הוא ספירת החכמה, בריאה דאותה ספירה היא ספירת הבינה, ויצירה דאותה ספירה היא הו"ק, ועשיה דאותה ספירה היא המלכות. **ובחינת ספירה** שלימה היא שכלולה מעשר ספירות פרטיות, הנקרא אבי"ע שבה. **ובחינת פרצוף** הוא עשר ספירות הקשורות ביחד, ר"ל אבי"ע דאבי"ע דאותו פרצוף, או בלשון פשוטה פרצוף הוא בעל מאה ספירות הקשורות ביחד.

המלכים, שהם זו"ן, ואמרנו כי השבעה מלכים שהם זו"ן מתו ממש, וירדו אל עולם הבריאה, הכלים שלהם ואחוריים של או"א נתבטלו ולא מתו, אלא שירדו למטה בעולם אצילות עצמו, ושם ביארנו טעם לזה, ואמרנו שהיה לסיבה שהשבעה מלכים לא קבלו אורות אח"פ דא"ק, רק מגופא דיליה ואילך. והנה לטעם זה עצמו היה גם כן שינוי אחר בין ג"ר שהם כח"ב, אל השבעה מלכים התחתונים, כי הג"ר יצאו בקצת תיקון בראשונה, והוא כי כאשר יצאו בראשונה נתפשטו כסדר ג' קוין, מה שאין כן שבעה תחתונות שיצאו זו למטה זו, וזה שכתוב באדרא רבא - עד אימת ניתב בקיימא דחד סמכא, ר"ל נתקן התיקון שהוא דרך קוין, אבל קודם שהיו זה על גבי זה, הוי קיומא דחד סמכא. וכבר ביארנו כי התיקון האצילות הוא בהיות ששה קצות עשוי בבחינת ג' קוים קשורים זה בזה, בסוד השלישי המכריע ביניהן, ואז נקרא רשות היחיד. אבל בהיותן זה על גבי זה והם נפרדין אחת מחברתה, אז נקרא רשות הרבים. ולכן הג"ר נתבטלו אחוריהם ולא מתו, **ושבעה מלכים מתו פנים ואחור**, כי יצאו בלי תיקון כלל.

ע"ח ש"ט פ"ז מ"ב דמ"ו ע"ד – ויצאו שבעה תחתונות מדעת ולמטה בלבד, וכולם יצאו מן בינה דז"א הכלולה תוך אימא עילאה כנזכר לעיל, שלא יצאה, **ואז כל השבעה מתו פנים ואחור**, וירדו בבי"ע.

24

ע"ח ח"ב ש"ל דרוש א' מ"ב דכ"ו ע"ד – גם תבין כי פרצוף האמצעי אף כי נקרא אחור בערך השלישי הפנימי מכולם, **אמנם לפעמים נקרא פנימי בערך החיצון שבכולם**. ובזה תבין מה שנתבאר אצלינו כי בעת מיתת המלכים של ז"א היה בו אחור ופנים, והוא לסבת היות בו תמיד נה"י חג"ת, ו"ק, שהם פרצוף החיצון ואמצעי כנזכר לעיל, **ואז החיצון נקרא אחור, ואמצעי פנימי בערך החיצון**, והבן זה.

25

נהר שלום די"ב ע"ד – והענין בקיצור נמרץ, ידוע כי כל העולמות מראש א"ק עד סוף העשיה, כלולים מחיצוניות ופנימיות, וכל אחד משניהם נחלק לחיצוניות ופנימיות, **ואין לך שום בריה שאינה כלולה מחיצוניות ופנימיות**, אמנם החיצוניות דכללות כל העולמות הם העיגולים דכל העולמות, והפנימיות הוא היושר דכל העולמות, וכל אחד נחלק לחיצוניות ופנימיות, שהם הכלים והאורות, גוף ונשמה, כי הכלים שהם העשר ספירות דכל פרצוף, נקרא חיצוניות בערך הפנימיות, שהם האורות והנרנח"י, המלובשים בהם. וכן בפרטות העשר ספירות הנחלקים לשלשה פרצופים, נה"י חג"ת וחב"ד, מתלבשים זה בתוך זה. **כי פרצוף דנה"י המלביש לפרצוף חג"ת נקרא חיצוניות בערך פרצוף החג"ת המתלבש בתוכו, ופרצוף החג"ת נקרא פנימיות אליו**. ופרצוף החג"ת נקרא חיצוניות בערך פרצוף החב"ד המתלבש בו, והחב"ד הוא פנימיות אליו. וכל זה הפרצוף הכלול מחב"ד וחג"ת ונה"י נקרא חיצוניות בערך הפרצוף העליון המתלבש בו, וכן על דרך זה מפרצוף לפרצוף, עד א"ס.

26

ע"ח ח"ב ש"ל פ"ז מ"ב דל"ב ע"ב – והבן זה מאד מאד ענין נקודה בכל מקום מה ענינה, שהיא עשייה, של הבחינה ההוא. אך לשון ספירה הוא בהיותה שלימה בכל חלקי אבי"ע שבה, והבן היטב ג' חלוקות אלו, נקודה וספירה ופרצוף. **כי נקודה היא עשייה שבספירה**, וספירה הוא בחינת **הספירה שלימה מאבי"ע שבה**, ופרצוף הוא **קשר עשר ספירות**, וכל ספירה מהם שלימה מאבי"ע, **וזכור מאד מאד כלל זה**.

כַּאֲשֶׁר[27] הָיוּ הכלים[28] שֶׁל הָעֲשָׂרָה נִיקוּדִים קוֹדֶם הַתִּיקוּן דעולם האצילות, **הִנֵּה**[30] [29]**הַגַּ"ר**[31] הכוללים והפרטים של הנקודים היו **יְכוֹלִין הָיוּ לְקַבֵּל אוֹר הָעֶלְיוֹן** מפני שהכלים שלהם היו

27

שפת אמת ש"ט פ"ה אות א' די"ב ע"ד – כאשר היו העשר נקודות וכו'. כי אותו היורד מלמעלה היה בו שיעור פרצוף שלם, ועל כן הוצרך התיקון. כי אחר שיתקנו ויעשו פרצופים יוכלו לקבלו, ואחר וכו'. נראה לעניות דעתי, שבא רז"ל לתת טעם למה הג"ר לא נשברו, ושבעה תחתונות נשברו. ונתן הטעם, הג"ר, שבהם היו יכולות לקבל האור העליון, הראוי להם אף שהיה בו שיעור פרצוף שלם, לפי שהיו כל הנקודה ונקודה מהם בת עשר כלים. אך השבעה תחתונות לא יכולים לקבלו, כי אותו האור השייך להם, היה בו שיעור פרצוף שלם, והכלים קטנים וחסרים עדיין ג"ר. ועל כן הוצרך התיקון, כי אחר שיתוקנו ייעשו פרצוף שלם בבחינת הכלים, ויתרחבו הכלים, ויתוספו מה שחסר מהם, אז יוכלו לקבלו. ולאו למימרא שכשיצאו האורות פרצופים שלמעלה ובאו להיכנס בכליהם, היו כולם שלמים בסוד פרצוף גמור בג' קוין, ימין ושמאל ומכריע, חח"ן בג"ה דת"י. וזהו שדקדק הרב ז"ל בלשונו וכתב - היה בו שיעור פרצוף שלם, וכן כתב רז"ל בהדיא בספר מבוא שערים ש"ה ח"א פ"א וז"ל - וגם האורות יתוסף בהם תיקון, כי תחילת היו אלו הנקודים בלי קיום, ובלי בחינת פרצוף, אמנם היו כלולות כל אחד מעשר, בסוד כללות מעורב בהם, ולא היה האורות מראים פעולתם, ועתה וכו', יעו"ש. וכתבתי כל זה לאפוקי ממה שהבין הרש"ך [**אַחַ**"י – הרב שלמה הכהן] ז"ל בזה, יעו"ש בספרו יפה שעה. ואם שגיתי איתי תהיה משוגתי.

28

מבוא שערים ש"ה ח"א פ"א דל"ה ע"ג – וגם כי נודע, כי עתה בעלותם בסוד עיבור, הוא בחינת עליתם בסוד מ"ן, וגורמין זיווג באו"א, ומורידין טיפות זכרים ונקבות, ועל ידי אלו הטיפות יתקשרו אלו הנקודות יחד, ואז יתבררו בחינת הכלים שלהם, ויעלו למעלה בסוד עיבור, ויתקנו שם. **וגם הָאוֹרוֹת יִתּוֹסֵף בָּהֶם תִּיקוּן, כִּי תְּחִלָּה הָיוּ אֵלּוּ הַנְּקוּדוֹת בְּלִי קִיּוּם, וּבְלִי בְּחִינַת פַּרְצוּף**, אמנם היו כלולות כל אחת מעשר, בסוד כללות מעורב ומעורב בהם, ולא היו האורות מראים פעולתם. ועתה על ידי הקשר הזה שנתקשרו על ידי עיבור הזה, הראו האורות פעולתם, זה בחינת רישא, וזה בחינת גופא, והיתה עין רואה ואזן שומעת, כו'. תמצא כי זה העיבור **אֵינוֹ לְהַאֲצִיל זוּ"ן מֵחָדָשׁ**, כי כבר היו נאצלים, אלא שהיו בלי תיקון קיום, ולא פרצוף, וגם שהיו חסרים זה מו"ק לבד, וזה מנקודה אחת לבד. ועתה העיבור היה **לְקַשְּׁרָם יַחַד בְּסוֹד קִיּוּם, וְגַם בְּסוֹד פַּרְצוּף**, וגם להשלים כל אחד בעשר ספירות גמורות. וזה על ידי הטיפות של או"א, ועל ידי שם מ"ה החדש, אשר נתבאר בשערים שקדמו.

29

כרם שלמה ש"ט פ"ה אות א' – מה שכתב, **הִנֵּה הַגַּ"ר יְכוֹלִין הָיוּ לְקַבֵּל אוֹר וכו'**. פירוש, מפני שהיו הכלים שלהם חזקים וגדולים, ולא ירדו הכלים שלהם ונשברו, כמו השבעה תחתונות. הוא מפני שהיו יכולין לקבל אור העליון שנכנס בתוכם, אבל השבעה תחתונות לא יכלו לקבל האור שלהם, לכן נשברו.

30

בית לחם יהודה ש"ט פ"ה ד"ל ע"ג – הנה הג"ר יכולים היו לקבל אור העליון. לא מטעם האמור בפרק ב' דנקודות, וברישא פרק ג' דלעיל. דכח"ב שקבלו מאח"ף שבשבולת הזקן דא"ק נתקיימו כליהם, ושבעה מלכים שלא קבלו אלא משבולת הזקן ולמטה לא נתקיימו כליהם. כי אותו הטעם הוא מסיבת חלישות הכלים דשבעה מלכים, אבל הכא הטעם הוא מסיבת ריבוי האור שהיה בו פרצוף שלם, ולא מסיבת חלישות הכלים עצמם. והענין הוא כי צד השוה שבכל יו"ד כלים דנקודים הוא, שכל כלי וכלי לא היה שיעורו כי אם אחר מעשירית האור שבו, אלא שיש הפרש בין כלים דכח"ב לבין הכלים דשבעה מלכים, כי כלי הכח"ב כל אחד ואחד מהם היה כלול מיו"ד נקודות קטנים, שכל היו"ד נקודות בכללם אינם כי אם ספירה אחת בלבד, כי הספירה היא כוללת יו"ד נקודות קטנים, והאור שבתוך כל אחד מהכח"ב היה פרצוף שלם, שהוא עשר ספירות, כי הפרצוף הוא כולל עשר ספירות. אבל הכלים דשבעה מלכים כל כלי מהם היה נקודה מיו"ד נקודות שבספירה, והאור שלו היה יו"ד נקודות, שהם שיעור ספירה אחת, כמבואר כל זה בפרק ה' דשער המלכים, ובפרק ב' דשער ל"ד כלל ט', יעוין שם. באופן שבכל אחד ואחד מכח"ב בא אור פרצוף שלם בעשר ספירות. וכן בכללות הששה מלכים דז"א, בא אור פרצוף שלם, אלא שהפרצוף ההוא היה כולל שש

גדולים וחזקים, כי[32] קבלו מאורות האח"פ במקום שבולת הזקן, ועוד[33] שינוי היה בהם שכל נקודה מהג"ר יצאה כלולה מעשר נקודות, ונקודות[34] אלו היו מחוברות ולא נפרדות.

ספירות לבד, כדוגמת הז"א שאינו כי אם ו' ק בלבד. והנה כל נקודה ונקודה מהכלים תוכל לסבול בתוכה יו"ד אורות יותר משיעורה, ולא תשבר, ולכן היו"ד נקודות דכל כלי מהשלושה כלים דכח"ב, אף על פי שאינם כי אם ספירה אחת בלבד, עם כל זה יכלו לסבול בתוכם אור של פרצוף שלם, הכולל עשר ספירות, שהם מאה נקודות, ולא נשברו. ואם כן אמאי השישה מלכים דנקודים לא יכלו לסבול ששים נקודות של פרצוף של האור ונשברו.)כי מה שנכנס עם אור השישה מלכים גם אור השביעי, אינו גורם שום ביטול לכלים, כי הוא בטל בערכם, כי כל אור של פרצוף התחתון הוא בטל בפרצוף העליון, שהרי גם בכלי הכתר נכנסו עם האור שלו, אורות החו"ב, ואורות השבעה מלכים ביחד, יהיו בטלים בערכו, כמבואר בפרק ד' דנקודות(. אך הענין הוא כי היו"ד נקודות לכל אחד מכלים דכח"ב היו מחוברים כולם ביחד בבחינת כלי אחד בלבד, כמבואר בפרק ה' דשער המלכים. ולכן כשנכנס האור בתוכם ביחד, לא היה מגיע לכל נקודה ונקודה מהיו"ד נקודות של הכלי, כי אם יו"ד חלקים יותר משיעורה, והיו יכולים לסבול. ואם היו גם השישה מלכים דנקודים כולם הם מחוברים יחד, בבחינת כלי אחד בלבד, כדמיון הכלים דכח"ב, הנה אף על פי שהיה נכנס בתוכם ביחד ששים נקודות דאור הפרצוף דז"א, בודאי היו מתקיימין גם כן, כמו הכח"ב שהרי אין מגיע לכל נקודה מהכלי כי אם יו"ד חלקים יותר משיעורה, אך לפי שהיו השישה נקודות דז"א כל אחד בפני עצמה, וכל כללות דפרצוף האור דז"א שהוא ששים נקודות נכנס בפעם אחת בנקודה אחת בלבד, לכן נשברה, כמו שמבואר בפרק ה' דנקודים. כי אין שום נקודה של כלי יכולה לסבול יותר מיו"ד חלקים משיעורה. ובזה תבין מה שכתב רז"ל בסמוך כי אותו האור היורד מלמעלה, היה בו פרצוף שלם וכו'. וכל דבריו אלה כללם הרב יפה שעה ז"ל בדברים קצרים, באות א' וז"ל - אלא ודאי לא היה אלא פרצוף אחד, הולך ומתפשט בכל נקודה ונקודה, ונקודה ההיא מחמת קוטנה לא היתה יכולה לסבול, והיתה נשברת, יע"ש.

31

רחובות הנהר ד"ב ע"ג – ונמצא כי כל מקום שכתב הרב, דג"ר יצאו שלימות, וז"א בששה חלקי הנקודה לבד, ונוקבא בחלק אחד, מלכות שבה לבד. **היינו בג"ר ובזו"ן דכל אחד ואחד מחמשה נקודות הכוללות דכל פרצוף**, אבל החמשה נקודות כוללות דאותו פרצוף יצאו שלימות, וכמבואר בפרק ו' משער שבירת הכלים, וז"ל - ואל תתמה אם יצאו התחתונות אחר שבירת העליונות, וגם איך כל ג"ר שבכל נקודה של חמשה נקודות לא נשברו, והשבעה תחתונות דנקודות ראשונות נשברו. התשובה היא כי בכל נקודה ונקודה, יש מין אור אחד שוה לערך הנקודה ההיא, ואז האור שלם, של הג"ר, יוכלו לקבל, ושבעה תחתונות שבו לא יכלו לקבל. וכן על דרך זה בכל נקודה ונקודה מהחמשה נקודות אירע כך, עד כן. באופן דכל דרושי הרב, המדברים בפרצופי עתיק, וא"א, ואו"א, וזו"ן, אינו מדבר על הכוללים, כי אם בחמשה פרצופים דנקודה אחת, דעשר ספירות דפרצוף אחד מפרצופי אבי"ע, וממנה נקיש אל השאר.

32

ע"ח ש"ח פ"ב מ"ת דל"ו ע"ב – והענין הוא באופן זה, כי הנה נתבאר שאורות האזן נתפשטו עד שבולת הזקן, ואורות חוטם ופה עוברים גם כן דרך שם. ואם כן מוכרח הוא שכאשר נמשך אור העינים דא"ק דרך שם, יתערב עמהם, ויקח אור שלהם. והנה עשרה נקודות הם, **והשלוש ראשונים שבהם הם לוקחים אור ממה שנמשך מהסתכלות העין באח"פ, ממקומם עד מקום התחברות בשבולת הזקן כנודע**, ואינם מקבלים אותם רק בשבולת הזקן, כי משם מתחילין הן, ולא ממה שבשבולת הזקן ולמעלה,)נ"א בשבולת הזקן, ולא ממה שבשבולת הזקן ולמעלה, ואינם מקבלין רק בשבולת הזקן, כי משם מתחילים הן, ולא ממה שכנגד העין עד שבולת הזקן(..... ונמצא כי לפי זה שלוש נקודות לוקחין הארה לצורך הכלים שלהם, מן שלוש האורות שהם אח"פ, בשבולת דוקא.... ולכן גדולה היא הארה שלוש נקודות עליונים מן השבעה תחתונות. ולסיבה זו שלוש מלכים הראשונים לא מתו, לפי שיש להם הארה גדולה, **והכלי שלהם מעולה מאד**, לפי שנעשה **מבחינת אזן העליונה ומהחוטם ופה**, כי בהסתכלות העין חוטם פה נעשו הכלים כנזכר לעיל, כי לקחו כליהם ממקום שעדיין אורות האזן נשמה בחינת נמשכים שם, שהוא עד שבולת הזקן כנזכר לעיל.

33

אַךְ הכלים של **הַשִּׁבְעָה תַּחְתּוֹנוֹת** דנקודים, שהם בעצם פרצופי ז"א ונוקבא בזמן התיקון, **לֹא הָיוּ יְכוֹלִין לְקַבֵּל אוֹר הָעֶלְיוֹן**, כי[35] לא לקחו מאור האזן שום הארה, ורק קבלו מאורות החוטם פה משבולת הזקן ולמטה, לכן נשברו, ועוד[36] כי הג"ר שהם א"א ואו"א יצאו כל אחד מהם כלול עשרה נקודות, מתוקנים ומחוברים

ע"ח ח"ב של"ד פ"ב מ"ב כלל ט' דמ"ו ע"ב – והנה בצאת המלכים, יצאו מבחינת ב"ן מעיני א"ק, והיו בו עשרה אורות של עשר ספירות דב"ן, שהם כללות כל עולם אצילות. ותחלה נעשה בחינת כלים, ואחר כך יצאו האורות לכנוס בכלים. ואמנם העשר כלים האלו היו קטנים, ונקרא נקודות, פירוש כי לא היה כל כלי וכלי מהם גדול, כדי שיוכלו כל העשרה חלקי האור הנקודה ההיא להתפשט בתוכו, דמות צורת אדם, כמו שהוא עתה אחר זמן התיקון. רק חלק העשירית שבה לבד. באופן שכל כלי מהם היה גדול כשיעור כלי של כתר של עתה, של הנקודה ההיא, שהיא עשירית אחת מעשרה חלקי הכלי, ואותו עשירית נקרא נקודה, כי הנקודה היא י', שהיא עשירית, ולכן נקרא עשרה נקודות, וכולן בחינת הכתרים לבד, וכנזכר לעיל. והנה שרשם אינם רק חמשה נקודות לבד, **אלא שהג"ר כל אחד יש בו עשר אורות**, אך הכלי (נ"א הכל) הוא שיעור אור אחד מהם לבד. והשש נקודות אחרות, אינם רק נקודה אחת לבד, שהוא כנגד ז"א דאצילות. והטעם שנקרא שש נקודות הוא בבחינת כל המוסיף גורע, אל אותו הנקודה דז"א. ור"ל כי אותה הנקודה שהיא ראויה שיהיה בו עשרה אורות, כמו שיש לכל אחת לשלוש נקודות העליונים כנזכר לעיל. הנה בזה לא היה כך, כי לא יצאו רק ששה חלקי נקודה ההוא אחרונות, מדעת חסד ואילך, ואורות השלוש נקודות עליונים, לא יצאו כי נשארו בשרשם למעלה, והרי יש בנקודה זו ששה חלקי הנקודה בבחינת האור, וכן אין כח בכלי שלה רק שש חלקים מן חלק אחד לבד של הנקודה שהיא, כתר שבו לבד, באופן כי יש נקודות אלו אינם רק מעט יותר ממחצית נקודה אחת בלבד. ונקודה החמישית, שהיא עשירית שבכולן, מן העשר נקודות הכללות כנזכר לעיל, הוא נקודה מלכות דאצילות נוקבא דז"א. ואמנם אף על פי שאנו קורין אותה נקודה, אינה כשאר השלוש נקודות ראשונים, שכל אחת היתה הכללות מעשרה נקודות אורות, אמנם אין בה רק חלק אחד, חלק האור הנקודה (ההיא), והיא בחינת אור הכתר שבה, וכן בבחינת הכלי לא היה בה רק עשירית אחת לבד, מעשר חלקי (כלי) הכתר הראויה אליה אחר התיקון.
34

ע"ח שי"א פ"ה מ"ד דנ"ב ע"ב – עוד שינוי אחר היה בהם, אשר בו יתבאר מלת בלתי תיקון מה עניינו. והוא כי שלוש נקודות הראשונים מלבד מה שיצאו כל אחת מהם כלולה מעשר, **עוד זאת היתה בהם שהיו עשר שבו מחוברות יחד**, ולא נפרדות זו מזו. אמנם ששה נקודות דז"א, מלבד היותן שש חלקי נקודה אחת, וחסרו מהם הג"ר שבהם, **עוד שינוי אחר בהם שהיו נפרדות זה מזה**, ולא מחוברות. באופן ששתי שינוים נמצאו בשבעה תחתונות מן הג"ר, שהם א"א או"א.
35

ע"ח ש"ח פ"ב מ"ת דל"ו ע"ב – אבל שבעה נקודות התחתונים, אין לוקחין רק ממה שנמשך מהסתכלות באורות החוטם והפה, **משבולת הזקן ולמטה**, כנודע כי החוטם מגיע עד החזה, והפה עד הטבור, ולא משבולת הזקן ולמעלה. ונמצא כי לפי זה שלוש נקודות לוקחין הארה לצורך הכלים שלהם מן שלוש האורות שהם אח"פ, בשבולת דוקא. אבל שבעה תחתונות אינן לוקחין רק משני אורות לבד, שהם חוטם ופה, משבולת הזקן ולמטה, שהם עד הטבור. כי אור אזן העליונה כבר נגמרה ונסתמה בשבולת הזקן, ולכן גדולה היא הארה שלש נקודות עליונים מן השבעה תחתונות..... אמנם השבעה מלכים תתאין מתו, לפי שכליהם נעשו מהסתכלות **עין בחוטם פה לבד**, והיה חסר מהם אור האזן העליונה.
36

ע"ח שי"א פ"ז מ"ת דנ"ד ע"א – ונבאר עתה מה היה ענין מיתת המלכים, הנה נתבאר בפרק הקודם כי יש שינוי בג' נקודות הראשונות, שהם בחינת א"א ואו"א, **שכולם יצאו כל אחד מהם כלול מעשר, וגם שיצאו כל אחד מחוברות כל העשר שבהם, כלולות זו בזו דרך קוין**. מה שאין כן בזו"ן כנזכר היטב, ולכן לא היה הפגם והשבירה שוה בהם, וההפרש הוא כי להיות נקודות של או"א יותר מתוקנים, וגם שהיו כלולים כל אחד מעשרה, לכן היה בהם שתי שינוים. **האחד** הוא שהכלים שירדו מן או"א לא ירדו רק מבחינת כלים אחוריים דאו"א שלהם בלבד, אבל הכלים דבחינת פנים לא נשברו. מה שאין כן בזו"ן שכל בחינת הכלים דפנים ואחוריים נפלו ונשברו. עוד היה **שינוי שני** כי הכלים דאו"א לא נשברו שבירה גמורה, הנקרא מיתה, רק ירידה לבד למטה ממקומם, אבל נשארו עומדים בעולם אצילות עצמו, במקום שהיה עתיד להיות מקום נוקבא

יחד, שכל נקודה ונקודה כלולה עם חברתה בדרך קוין. וז"א[37] יצא רק עם שש נקודות התחתונות שבו, והנוקבא רק נקודה אחת, ולא[38] היה חיבור בין הנקודות דזו"ן, אלא יצאו בסוד רשות הרבים.[39] **כי**[40] **אותו**[41] **האור**[42]

דז"א, לכן לא נזכר בהם בחינת מיתה, רק בשבעה מלכים תחתונים, שבהם נאמר - וימת, כי ירדו למטה מעולמן, ונפלו לעולם הבריאה כנזכר לעיל באורך, **ונפלו ממש תוך הקליפות, ונתבטלו שם בתוכם.**
37

ע"ח ח"ב של"ד פ"ב מ"ב כלל ט' דמ"ו ע"ב – והשש נקודות אחרות, אינם רק נקודה אחת לבדה, שהוא כנגד ז"א דאצילות. והטעם שנקראו שש נקודות הוא בבחינת כל המוסיף גורע, אל אותו הנקודה דז"א. ור"ל כי אותה הנקודה שהיא ראויה שיהיה בו עשרה אורות, כמו שיש לכל אחת לשלוש נקודות העליונים כנזכר לעיל. הנה בזה לא היה כך, **כי לא יצאו רק ששה חלקי נקודה ההוא נקודה האחרונות**, מדעת חסד ואילך, ואורות השלוש נקודות עליונים, לא יצאו כי נשארו בשרשם למעלה, והרי יש בנקודה זו ששה חלקי הנקודה בבחינת האור, וכן אין כח בכלי שלה רק שש חלקים מן חלק אחד לבד של הנקודה שהיא, כתר שבו לבד, באופן כי שש נקודות אלו אינם רק מעט יותר ממחצית נקודה אחת בלבד. ונקודה החמישית, שהיא עשירית שבכולן, מן העשר נקודות הכללות כנזכר לעיל, הוא נקודה מלכות דאצילות נוקבא דז"א. ואמנם אף על פי שאנו קורין אותה נקודה, אינה כשאר השלוש נקודות ראשונים, שכל אחת היתה הכללות מעשרה אורות, **אמנם אין בה רק חלק אחד**, חלק האור הנקודה)ההיא(, והיא בחינת אור הכתר שבה, וכן בבחינת הכלי לא היה בה רק עשירית אחת לבד, מעשר חלקי)כלי(הכתר הראויה אליה אחר התיקון.
38

ע"ח ש"ט פ"ג מ"ג דמ"ב ע"ד – וכבר ביארנו כי התיקון האצילות הוא בהיות ו"ק עשוי בבחינת ג' קוים, קשורים זה בזה, בסוד השלישי המכריע ביניהן, ואז נקרא רשות היחיד. אבל בהיותן זו על גבי זו, **והם נפרדין אחת מחברתה**, אז נקרא **רשות הרבים**. ולכן הג"ר נתבטלו אחוריהם, ולא מתו, ושבעה מלכים מתו פנים ואחור, כי יצאו בלי תיקון כלל.

ע"ח שי"א פ"ה מ"ת דנ"ב ע"ג – אבל אלו השישה חלקים נקודות של ז"א, יצאו נפרדות זו מזו, שלא כדרך קוין, רק זו על גבי זו, **נפרדות ולא מקושרות יחד**, ואז היו נקראים אלו השישה **רשות הרבים**, כי לא היה בהם יחוד והתקשרות ואחדות, רק כדמיון אנשים נפרדין איש לדרכו פנה, ולא היה ביניהם אהבה וחיבה, ולכן לא יוכלו לסבול אלו הכלים שלהם בחינת האורות, ומתו, כמו שכתוב - חבור עצבים אפרים הנח לו, כי החבור גורם קיום והעמדה. ומשל הדיוט אומר אם תיקח עשרה קנים, כל אחת לבדו ישתברו, ואם תיקח שלוש לבד ביחד, יתקיימו ולא ישתברו.

ע"ח שי"ט פ"א מ"ת ד'צ ע"ב – והנה הענין הוא, כי הנה נתבאר לעיל כי כל הפגם, והשבירה, והמיתה, שאירע לאלו המלכים **היתה לסיבת הפירוד אשר ביניהן**, שיצאו זו על גבי זו, שלא כדרך קוין. ולמעלה בענין תיקון עתיק נתבאר פירוש דרך קוים. עיין שם בדרוש הספיקות שיש ברדל"א, **אז היה רשות הרבים בסוד הפירוד**. ונמצא כי בחינת התיקון הוא, כדי לחברם עד שיהיו בבחינת קוין מאירין זה בזה, ועל ידי זה יהיה להם תיקון, **והבן מאד** ענין קוין מה עינמו, ואיך זה עיקר התיקון, **וזכור זה שתצטרך אליו בהרבה מקומות.**
39

יפה שעה)א(– כי אותו האור היורד מלמעלה, היה בו פרצוף שלם כו'. מה שכתב שהאור שהיה יורד מלמעלה, היה בו פרצוף שלם, אין בידי יד עני ואביון כח לפרשו, שבודאי אין רצונו לומר שבכל אחד מן השבעה מלכים היה בו פרצוף שלם, אחד בדעת, ואחד בחסד, ואחד בגבורה. ואם כן היו שבעה פרצופים לשבעה מלכים, שנודע שכל אלו המלכים לא יצאו בתחילה אלא בחינת נפש, ולכן נשברו, עד שבא שם מ"ה בחינת הרוח, כמו שביאר רז"ל בכמה מקומות. ולא יתכן לומר שהיו שבעה נפשות, שהרי הכלים אינם אלא ששה חלקי נקודה כנודע, ודיינו שנאמר האורות היה נפש שלימה פרצוף שלם. ועוד שגם לאחר התיקון, כל הו"ק אינם אלא פרצוף אחד כנודע, ואיך עתה היו ששה פרצופים, זה לא ניתן ליאמר כלל. אלא ודאי לא היה אלא פרצוף אחד, הולך ומתפשט בכל נקודה, ונקודה ההיא, מחמת קטנות, לא היה יכול לסבול והיתה נשברת. אלא שמה שקשה לזה הוא, כשמת החסד, שחלק האור ירד למטה במקום היסוד, ואחר כך עלה. וכן כשמת הגבורה, חלק האור שלו ירד בכלי הנצח-הוד, ושאר האורות נתלבשו בתפארת, איך היה האור מתחלק לפרקים, זה יורד ועולה, וזה נכנס בכלים שתחתיו, וזה יוצא, וכי פרצוף אחד מתחלק לחלקים רבים, ואם

נאמר שגם האורות היו נפרדים, כל חלק לו לבדו חלק החסד, וחלק הגבורה לו לבדו, אם כן גם היו האורות נפרדים כמו הכלים, שלא היה ביניהם קשר אמיץ, ואין זה נקרא פרצוף. ועוד שרז"ל כתב בשער המלכים פרק ז' ז"ל - הנה נתבאר כי השבירה לא היתה אלא בכלים, שלא יכלו לקבל האור שלהם, ונמצא שכאשר בא התיקון עיקרו היה לבחינת הכלים, אבל בענין האורות עצמות שלהם, לא נתחדש דבר בהם, מחמת העיבורים והיניקה, יע"ש באורך. ובשער העיבורים פרק ד' אות ג', ובספר מבוא שערים ש"ב ח"ג פ"ח, מכל אלו המקומות מתבאר היות האורות שלמים מעיקרא, שלא היו צריכים שום תיקון. ואם נאמר שלא היו מעיקרא בסוד פרצוף, אלא נפרד כל חלק מחבירו, היו צריכים תיקון גדול להעשות בסוד פרצוף, להעשות ביניהם קשר אמיץ וחזק, ועל כרחיו צריך לומר שכשיצאו האורות מלמעלה, ובאו להיכנס בכליהם, היו כולם שלימים בסוד פרצוף גמור, בג' קוין ימין, ושמאל, ואמצעי. חח"ן, בג"ה, דת"י. אלא כשהיו נכנסים בכלים דנקודות, והיו הנקודות נשברים ונופלים, מה יעשו האורות, על כרחם שלא כרצונם, היו מתפרדים כל חלק מחבירו, וכשנשבר החסד, נשאר חלק החסד יורד ועולה, ושאר חלקי האורות נכנסים בכלי שתחתיו, וכן השאר. באופן שמחמת הכלים שהיה ביניהם פירוד, גם האורות נתפרדו מסוד פרצוף גמור שהיו ונעשו כמו הנקודות.
40

כרם שלמה ש"ט פ"ה אות א' – וכאן נותן טעם למה לא יכלו לקבל האור העליון, והוא מפני שהיו באותו האור שיעור גדול, שהוא שיעור פרצוף ולא שיעור נקודה, כמו שהיו הכלים בבחינה זאת, שהיו בחינת נקודים בלבד ולא ספירות. וזהו שכתב כאן **כי אותו האור היורד מלמעלה היה בו פרצוף שלם**. ואין ר"ל פרצוף ממש, כי הלא הפרצוף אין נראה אלא על ידי הכלים, ואם הכלים עכשיו הם בבחינת נקודה, מנין בא להאור בחינת פרצוף. אלא פירוש פרצוף האמור כאן, ר"ל שיעור אור כל כך גדול, שהוא שיעור פרצוף שלם של רמ"ח אברים של אור. ולכן הואיל והאור היה בו שיעור פרצוף, לכן גם הכלים בעת התיקון נעשו בבחינת פרצוף כגודל האור. ואז יכלו לסבול האור, כי עכשיו נעשה הכלי כשיעור האור, ויכול הכלי לסבול האור הגדול הזה ולא ישבר. וזהו בחינת **תיקון**. וזהו שכתב **ועל כן הוצרך התיקון, כי אחר שיתוקן ויעשו פרצוף, יוכלו לקבלו**. פירוש, הכלים יעשו פרצוף, אז יוכלו לקבלו להאור, שיש בו גם כן שיעור פרצוף.
41

ע"ח ח"ב שכ"ח פ"ד אות ג' מ"ק די"ט ע"ג – מעיקרא היה התתפארת בסוד ו"ק לבד, ולמה הוצרך לעיבור תלת גו תלת. והענין כי תחלה נאצלו עשרה נקודות, כל אחת כלולה מעשר, והקשר שהיה להם שהיו מקבלות זו מזו, כפי סדר המדרגות. ותחלה היו הנקודות האלה בסוד העצמות פנימים, והיו כל הכוחות כלולים בעצמות, ולא ניכרין כל אחד ואחד לעצמו, רק כדמיון הנשמה הכלולה מראיה ושמיעה כו', אבל אינם ניכרות בה כי אם לבדה, ועל ידי הגוף מראה כחותיה. וכל העשרה)ב"א החמשה(כחות הכלולין בה, אחד אחד לבדו. כיצד, השמיעה באוזן כו', וכן היה באצילות הזה, כי נתקנו והיה התיקון כדי לעשות להם כלי אחד מגביל הרוחניות האלו, ובו כלי לשמיעה, וכלי לראיה, וכיוצא בזה. וזה התיקון שנתקן תחלה בא"א, והוא הכתר. אחר כך עשה משני נקודות השניות שהם חו"ב, **שני פרצופים גמורים כלים**, והם או"א, והשבעה תחתונות נידחו כולם למטה במקום המלכות, ולכן הוצרך לסוד העיבור, כדי ליחדם ולכלול תלת בתלת. כדי שמכל השישה נפרדין יעשו פרצוף אחד, ואז עדיין הם בסוד העצמות. ואחר כך בסוד הלידה, נעשו השישה אחדים, **ונעשה להם כלי אחד**, ואחר כך על ידי המוחין נגמר ונשלם הפרצוף.
42

ע"ח ח"ב של"ד פ"ב מ"ב כלל ט' דמ"ו ע"ב – ואמנם העשר כלים האלו היו קטנים, ונקרא נקודות. פירוש, כי לא היה כל כלי וכלי מהם גדול, כדי שיוכלו כל העשרה חלקי האור הנקודה ההיא להתפשט בתוכו, דמות צורת אדם, כמו שהוא עתה, אחר זמן התיקון. רק חלק העשירית שבה לבד, באופן שכל כלי מהם היה גדול כשיעור כלי של כתר של עתה, של הנקודה ההיא, שהיא עשירית אחת מעשר חלקי הכלי, ואותו עשירית נקרא נקודה, כי הנקודה היא י' שהיא עשירית, ולכן נקרא עשרה נקודות, וכולן בחינת הכתרים לבד, וכנזכר לעיל.

ע"ח שי"א פ"א מ"ק ד"ן ע"ב – ביאור מציאת המלכים שמתו מה ענינם, וגם מציאות נקודות הראשונים שהיו קודם האצילות. דע כי הלא קודם מציאת התיקון של האצילות יצאו עשרה נקודות, וכולם כלולים בכח נקודה אחת, והוא מציאות הכתר. באופן שכל עשר היו בסוד הכתר, נכללין בה. וזה סוד - עקודים, נקודים, וברודים. כי תחילת הכל היו עקודים, מקושרים זה בזה, והכל בסוד הכתר. אחר כך יצאו כולם יחד מהנקודה

הַיּוֹרֵד מִלְמַעְלָה ר"ל היוצא דרך העין דא"ק, היה בו שיעור גדול, שֶׁהָיוּ בּוֹ שיעור[43] **פַּרְצוּף** [דמ"ה ע"א 89] **שָׁלֵם** בעל רמ"ח אברים של אור, וכאשר נתלבש אור זה בכלים של הג"ר דנקודים, יכלו כלים אלו לקבלו, כי גם כלים שלהם היו בעלי פרצוף שלם, מה שאין כן הכלים דשבעה המלכים התחתונים, שיצאו רק בבחינת נקודה אחת, לא[44] יכלו לסבול אור של פרצוף שלם, ונשברו ומתו וירדו לעולמות בי"ע. וכאשר[45] עלה ברצון המאציל להחיות את המלכים, העלה את שברי הכלים ורפ"ח[46] הניצוצין מבי"ע לאצילות, ונתקנו הנקודים, **וְעַל כֵּן הֻצְרַךְ הַתִּקּוּן** כי הכלים דנקודים באו בבחינת נקודות, ולא בבחינת פרצוף, **כִּי אִזּוֹר שֶׁיְּתוּקַן** עולם הנקודים, **וְיֵעָשׂוּ** הכלים דנקודים בְּ**פַּרְצוּף** שלם, אז יוּכְלוּ הכלים לְקַבְּלוֹ ר"ל את האור העליון הכלול מרמ"ח אברים.

ראשונה, ואז נתהוו עשרה נקודות, כל אחת נקודה בפני עצמה, וזה סוד נקודים, באופן שלא היו מחוברים העשרה נקודות, רק בהיותן בכתר. אך אחר כך יצאו כולם כאחד, ונתהוו אלו עשרה נקודות כל אחד בפני עצמו. וכאשר נתקן רישא דעתיק, אז נקרא ברודים, כאשר נבאר בע"ה.

43

שער ההקדמות, הקדמה אחת בטרם שנאצל עולם האצילות דל"ב ע"ד – דע כי טרם שנאצל עולם האצילות, נאצלו העשר ספירות בבחינת עשר נקודות בלבד, כלולות מבחינת עצמות וכלים, כהדין קמצא דלבושיה מיניה. ואז היה קצת חילוק בין השלוש ראשונות לשבעה תחתונות, והוא כי השלוש ראשונות היו יכולות לקבל האור והעצמות שלהם. אבל השבעה תחתונות לא יכולות לקבל האור שלהם, לפי שהאור היורד מלמעלה **היה שיעור מספיק לצורך פרצוף אחד שלם**. ואמנם עתה שהיו נקודות קטנות בלבד, ולא היו בבחינת פרצוף שלם, לא היה בהם יכולת לקבל האור הרב ההוא, ולכן נשברו הכלים הם כנודע.

44

ע"ח ש"ח פ"ד מ"ת דל"ח ע"ג – אמנם בצאת משם השבעה תחתונות, שהם השבעה מלכים שמלכו בארץ אדום, ורצו להיכנס בכלים שלהם, **ולא יכלו הכלים לסבול, ונשברו ומתו** כמו שנבאר בע"ה.

ע"ח ש"ח פ"ה מ"ת דט"ל ע"א – ונחזור לבאר סדר יציאת שבעה מלכים אלו מתוך הבינה, ואיך נשברו. הנה ראשונה יצאו כולם מתוך הבינה, והיו כלולים באור הדעת, ונכנסו עמו בכלי שלו. והנה נודע כי שש (נ"א שבען) מלכים אלו הם בחינת ו"ק דז"א, וכל אחד אינו גדול מחבירו, כי כל אחד הוא קצה אחד גדול כחבירו. ולכן לא היה כח בשום כלי מהתחתונים, **לסבול בתוכו יותר מחלק אור המגיע לחלקו בלבד**, וכאשר יצא כולם כלולים בדעת, לא היה יכול הכלי לסבול את כולם, ונשבר וירד למטה, כמו שנבאר בע"ה.

45

ע"ח ש"י פ"א מ"ת דמ"ז ע"ב – והנה כאשר עלה ברצון המאציל להחיות את המתים, ולתקן את המלכים אלו הנשברים והנפולים בעולם הבריאה, גזר והעלה מ"ן מתתא לעילא, ועל ידי כך היה זווג עליון דחו"ב דא"ק פנימיים, והוציא שם מ"ה החדש, ונתקנו המלכים.....והעלה עמהן למעלה במקומם את השבעה אורות התחתונים. ונמצא עתה כל השבעה אורות התחתונים למעלה במקום הבינה, כי היא אם הבינה. ושם הוא מציאת מקום הריון ועיבור. וכאשר עלו השבעה אורות למעלה, **עלו גם הכלים שירדו בבריאה למעלה באצילות.**

46

ע"ח שי"ח פ"א מ"ת דפ"ה ע"ג – ומתחילה צריך שנבאר ענין שלוש בחינות אלו שיש אל ז"א, **ולכולם צריך תיקון על ידי עיבור זה**. האחד הוא בחינת אורות של המלכים, שנסתלקו מהכלים, ועלו למעלה ומתו הכלים וירדו לבריאה. השני הוא **בחינת רפ"ח ניצוצין של אור, שנשארו בתוך הכלים, בהיותן שבורים, כדי להחיותן חיות מצומצם, כדי שעל ידי כך יהיה בהם מציאות לחזור ולהתתקן ולהתחיות**, על ידי עיבור. ואל תתמה מזה כי כן האדם התחתון בעולם הזה, אחר שמת ויצאה נפשו ממנו, נשאר חלק מנפשו בתוך הגוף, כדי שעל ידי זה יוכל לקום בתחיית המתים.

הרב ז"ל מבאר כאן איך א"א תיקן את פרצוף ז"א, כדי שיוכל להתלבש[47] בו. ותיקון[48] זה נעשה שהעלה את שליש התפארת התחתון והנה"י שלו, ונתלבשו תוך החג"ת שלו. **צריך לדעת** כי[49] כל פרצוף תחתון לא יכול להתקן עד שיתוקן הפרצוף שמעליו[50], ואז הפרצוף התחתון נקרא בן[51] בערך הפרצוף העליון, ומעלה מ"ן אליו. **וכמו שנתבאר לעיל**

47

מבוא שערים ש"ה ח"א פ"ו דל"ז ע"ד - הנה נתבאר לעיל, כי א"א הוא עתה נגלה מן הטיבור שלו ולמטה, שהוא שליש התחתון של התפארת שבו ונה"י שבו. **וכאשר רצה להתלבש על ידי זו"ן, שהם הלבושים שבהם מתלבש חציו התחתון כנזכר**, רצה לתקן זו"ן, וכדי לתקנם מה עשה... ואחר כך בסדר הזה, גם א"א אסף את נה"י שלו המגולים כנזכר, והעלם למעלת בחג"ת שלו.
48

ע"ח ח"ב שכ"ח פ"ב מ"ת די"ח ע"ג – עוד יש טעם אחר, והוא כבר נתבאר לעיל כי ז"א היה בבחינת רשות הרבים, ו"ק נפרדין זה מזה, ותיקונו הוא לקשרו בסוד פרצוף אחד מיוחד, לעשות)נ"א ונקרא(רשות היחיד. **לכן הוצרכו גם נה"י דא"א להכלל בחג"ת שלו עצמו, ויהיו אז ו"ק דא"א כלולין תלת גו תלת**, כדי לכלול גם את ז"א, שהוא ו"ק בבחינת תלת גו תלת, ויתקשרו יחד, והנה העיבור זה היה זמנו י"ב חודש. וטעם הדבר הוא לסיבת א"א עצמו, כי הנה היו נה"י שלו נכללין בחג"ת של או"א, הרי הם כללות של ששה, וגם יש כללות הנה"י שלו שנכללו בחג"ת שלו עצמן, הרי הם כללות של ששה אחרים, והרי הם י"ב. ועוד טעם שני בענין א"א עצמו, כי כמו שנכללו נה"י בחג"ת, והם ששה מתתא לעילא, גם נכללו מעילא לתתא, חג"ת מן הנה"י ששה, והרי הם י"ב.
49

כרם שלמה ש"ט פ"ה אות ב' - ומה שכתב, ואחר שנתקנו ג"ר א"א וא' וכו'. **אינו דומה התיקון שלהם לתיקון הזו"ן**. כי הזו"ן היה שהיו השבעה קצוות שלהם נפרדים זה מזה, ועוד שירדו הכלים שלהם בבריאה. והתיקון שלהם היה שעלו מן הבריאה לאצילות, ואז ניתוסף עליהם ג"ר שהיו חסרים מהם, ועוד אורות וכלים, ונתחברו השבעה קצוות, ונעשו פרצוף גמור. אבל התיקון של א"א ואו"א כי בלאו הכי היו בבחינת עשר ספירות, אלא לא היו כל אחד ואחד מהם בבחינת פרצוף, בקוין ימין שמאל ואמצע. ועוד האורות שלהם היו כל כך גדולים, עד שלו היו יכולים התחתונים לקבל אותם מרוב גודלם. ואז נעשה בהם צינורות וכלים יתירם, מעברים רבים, ואז האורות שלהם נתמעטו לצורך התחתונים, והכלים נתרבו ונעשו אז בבחינת פרצוף, וזהו התיקון שלהם. **ולזה גם כן לא יוכל ז"א להתתקן, עד שבתחילה יתתקן א"א ואו"א, מפני שהם עליונים ממנו**, ועל ידם הוא יתתקן.
50

רחובות הנהר ד"ב ע"ג – ונתחיל בעולם האצילות, ונאמר כי הנה היותר משובח מכל בירורי האצילות שהובררו מהמשבעה מלכים כנזכרים, הנה אז עלה והוברר בעתיק, והגרוע ממנו באריך אנפין, והגרוע ממנו הוברר באו"א, והגרוע ממנו בזו"ן, וכן על דרך זה בבי"ע, וכן על דרך זה בעשר ספירות עצמם, שהם בכל פרצוף ופרצוף, וכן על דרך זה בפרטי פרטים, והדברים מובנים. והנה **א"א עדיין לא נתקן**, כי אדם אין, שהם או"א המעלים תמיד הבירורים דא"א לעתיק למ"ן, ואי אפשר לבירורים להעלות למ"ן אם לא על ידי הבנים, שכבר יצאו ונתקנו, שהוא הפרצוף שלמטה ממנו, שנקרא בן אליו, ועדיין לא נתקן, ואז סליק ברעותא דעתיק למברי עלמא, הוא הא"א, ר"ל כי השלשה פרצופי דחב"ד הנזכרים דמ"ה וב"ן, הנקרא רעותא דעתיק, מאליהם בלי מה שיעלה להם מ"ן, בירורו היותר מובחר מכל שארית חלקי אורות הנזכרים דב"ן, אורות הראוים לשלשה פרצופי הפנימיים, שהם חב"ד דא"א דאצילות דכל פרט, והעלו אותם למ"ן להם. ונזדווגו החב"ד הנזכרים דעתיק, ותיקנו את אורות הנזכרים דחב"ד דא"א, וחיברו עמהם את הכחב"ד דפרצוף דמ"ה ונתקנו החב"ד דא"א, שהם השלוש פרצופים הפנימיים, הנקראים רעותא דא"א. ואחר שנתקנו הג"ר הנזכרים דא"א, הנקראים בנים לעתיק, אז הם העלו מ"ן מהבירורים דו"ק דעתיק, לג"ר דעתיק, ונזדווגו הג"ר דעתיק ותיקנום, וחברו עמהם הראוי להם מחלקי אורות וכלים, דו"ק דפרצוף כתר דמ"ה. וכן על דרך זה היה בתיקון או"א, בהיות **שעדיין לא נתקנו או"א**, ואדם אין שהם ישסו"ת, להעלות הבירורים שלהם למ"ן לא"א, ולכן סליק ברעותא דא"א למברי עלמא, הם או"א, והוא כי עלו בירורים דג"ר דאו"א מאליהם לרעותא דא"א, שהם הג"ר הנזכר דא"א, ונזדווגו הג"ר הנזכר דא"א, ותיקנום וחברו עמהם הראוי להם, מחלקי אורות וכלים דכחב"ד דפרצוף בינה דמ"ה, וכמו שנבאר לקמן, ואז הג"ר הנזכר דאו"א, הם העלו מ"ן מהבירורים דו"ק דא"א, לג"ר שלו, ונזדווגו ותיקנום וחברו עמהם הראוי להם מחלקי אורות וכלים

בפרקין כי[52] יש הבדל בין פרצופי א"א ואו"א, לפרצופי זו"ן, והוא כי בעת יציאתם יצאו בלתי חיבור, בסוד רשות הרבים, ובעת שבירת הכלים דנקודים, פרצופי א"א ואו"א שהם כח"ב דנקודים, הכלים והאורות שלהם נשארו בעולם האצילות, לעומת פרצופי זו"ן שהם השבעה המלכים דמיתו, האורות שלהם נשארו באצילות, והכלים שלהם ירדו לעולמות בי"ע. לכן תיקון המלכים לפי הפשט היה אחר מתיקוני פרצופי עתיק, א"א, או"א עילאין, וישסו"ת, כמו שמבואר בסוגיה זאת. **עוד צריך לדעת** כי בפרקין החג"ת מלבישים את הנה"י, ר"ל הנה"י הם פנימים והחג"ת הם חיצוניים, עם[53] כל זאת יש סוגיות שהנה"י הם מלבישים את החג"ת, ר"ל שהחג"ת הם פנימים והנה"י הם חיצוניים.

ואזור שֶׁנִּתְקְנוּ[54] פרצופי הג"ר שהם **א"א ואו"א,** הגיע זמן תיקון פרצופי זו"ן, ואֹז[55] פרצוף **א"א אסף אליו נֹה"י**[56] **שלו** שהיו מגולים, **והעלם למעלה בשלוש אמצעית שבו** שהם

דו"ק דפרצוף חכמה דמ"ה. וכן היה בתיקון ישסו"ת, בהיות **שעדיין לא נתקנו ישסו"ת,** ואדם אין שהם הזו"ן, להעלות הבירורים שלהם למ"ן לאו"א, ואז סליק ברעותא דאו"א למברי עלמא, הוא ישסו"ת, והוא כי עלו הבירורים דג"ר של ישסו"ת מאליהם לרעותא דאו"א, שהם הג"ר הנזכר דאו"א, ונזדווגו הג"ר הנזכר דאו"א, ותיקנום וחברו עמהם, הראוי להם מחלקי אורות וכלים דג"ר דו"ק דפרצוף בינה דמ"ה, ואז הג"ר הנזכר דישסו"ת, אחר שנתקנו הם, העלו מ"ן מהבירורים דו"ק דאו"א לג"ר שלהם, ונזדווגו הג"ר הנזכר דאו"א, ותיקנום וחברו עמהם, הראוי להם מחלקי אורות וכלים דו"ק דג"ר דפרצוף בינה דמ"ה. **וכן היה בתיקון זו"ן,** והוא בהיות **שעדיין לא נתקנו הזו"ן,** כי אדם אין שהוא אדם הראשון להעלות את הבירורים שלהם למ"ן לישסו"ת להתתקן, ולכן סליק ברעותא דישסו"ת, **למברי עלמא דזו"ן,** ואז עלו הבירורים דג"ר דזו"ן מאליהם לרעותא דישסו"ת, שהם הג"ר הנזכר שלהם, ואז נזדווגו ישסו"ת זיווג דרעותא, ותיקנום וחברו עמהם, הראוי להם מחלקי אורות וכלים דג"ר דפרצוף ו"ק דמ"ה. ואחר שכבר נתקנו הג"ר הנזכרים דזו"ן, אז העלו הם מ"ן מהבירורים דו"ק דישסו"ת, ונזדווגו הג"ר הנזכרים דישסו"ת, ותיקנום וחברו עמהם, הראוי להם מחלקי אורות וכלים דו"ק דפרצוף בינה דמ"ה. וידוע כי בהתתקן זו"ן, נתקנו בי"ע, כי אינם עולמות גמורים בפני עצמם כמו עולם האצילות, כי אינם אלא התפשטות כחות הנוקבא, וחיילייה, וצבאיה.
51

רחובות הנהר ד"ג ע"א – כי הנה ידוע כי תמיד אי אפשר לבירורים בשום אופן לעלות למ"ן, בלי מי שיעלה אותם, והוא על ידי התחתונים, ר"ל על ידי הפרצופים התחתונים שכבר יצאו ונתקנו, **והם נקראים בנים בערך הפרצופים העליונים שעליהם.** והענין **כי כל פרצוף תחתון מחבירו, נקרא בן אליו,** והוא מברר בירורי פרצוף העליון ההוא שעליו, ומעלה אותם לפרצוף שעל גבי פרצוף שעליו, לתקנם.
52

ע"ח ש"ט פ"ב מ"ת ד"מ ע"ד – והענין כי מן האדרא זוטא נראה שלא ירדו רק השבעה מלכים בלבד, וממדרשים אחרים בספר הזוהר משמע כי גם באו"א יש ביטול ופגם, וכמעט אפילו בכתר. ואמנם הענין הוא כי ודאי שמכל עשרה נקודות נפלו מהם בחינות, רק זו"ן נפלו כולם בין בבחינת היותן אחור באחור, ובין בבחינת היותן פנים בפנים, **והנה זו נקרא מיתה,** כי הכל ירד לגמרי. אבל אבא ואימא שלא ירד מהם רק בחינת אחוריים, **יקרא ביטול ולא מיתה.** וכתר שלא נפלו ממנו רק בחינת נצח הוד יסוד שלו, שנכנסו בסוד מוחין דאבא ואימא כנזכר לעיל, אשר אין בחינת זו נכנסה אפילו בערך אחוריים, לכן לא נקרא ביטול בכתר, **רק פגם בעלמא.** עוד יש טעם אחר, והוא כי אינו נקרא מיתה רק מי שהולך מעולם לעולם, ונבדל מעולמו, **ולכן שבעה מלכים שהיו באצילות וירדו אל הבריאה, יקרא מיתה ממש,** כמו שמבואר באדרא **[אח"י** – באדרא רבא דף] קל"ה - לא תימא דמיתו, אלא כל מאן דנחית מדרגא קדמאה דהוי ביה, קרי ביה מיתה, כמו שכתוב - וימת מלך מצרים. אמנם אחורי או"א אף על פי שנפלו, **לא ירדו בבריאה, אלא נשארו בעולם האצילות עצמו,** לכן להיותן שלא במקומן, יקרא ביטול אבל לא יקרא מיתה.
53

ע"ח ח"ב של"ה פ"א מ"ק ד"נ ע"ד – אחר כך בזמן השני של הז"א, שהוא עיבור תלת כלילין בתלת.... וכשנכללו תלת גו תלת, **כבר בארנו כי הסדר הוא שהנה"י הלבישו לחג"ת.** ונמצא חסד בתוך נצח, וגבורה תוך הוד, ותפארת תוך יסוד.
54

הַחָג"ת דא"א, [57]וּשָׁם[58] נִתְלַבְּשׁוּ הנה"י דא"א בְּתוֹכָם[59] שֶׁל חַגָּ"ת שֶׁלֹּ ר"ל של א"א, כדי לתקן

את פרצוף ז"א.

כרם שלמה שׁ"ט פ"ה אות ב' – ולכן א"א אסף אליו נה"י שלו. הוא לצורך תיקון הז"א, כמו שנבאר בע"ה, והוא כי א"א אסף אליו נה"י שלו והעלם למעלה בשלוש אמצעית שבו, ושם נתלבשו בתוכם של חג"ת שלו. והוא כי זה המעשה נקרא בחינת **עיבור או התכללות**. ומה שעשה זה הא"א לא לצורכו, אלא לצורך ז"א, והוא כי על ידי התכללות הזה של א"א, אז יתכללו גם כן הנה"י שלו בתוך החג"ת ואז יתמתקו, ויתחברו זה עם זה.
55

בית לחם יהודה שׁ"ט פ"ה ד"ל ע"ג – אז א"א אסף אליו נה"י שלו והעלם למעלה בשלוש אמצעיות, מבואר היטב בפרק ב' דשער י"ז ובפרק ב' דשער כ"ח, יעו"ש. היינו שאסף והעלה את אורות הפנימיים. דנה"י שלו, והכניסם תוך אורות החג"ת, אבל הכלים דנה"י שלו נשארו למטה, כדמשמע מלישון פרק ב' דנקודים, שכתב כי כן מצינו בא"א שצמצם נה"י שלו וכו'. יעו"ש.
56

ע"ח שי"ז פ"ז מ"ת דפ"ג ע"ד – הנה תחלה אסף א"א את רגליו, ר"ל כי נה"י שלו שעדיין היו מגולין כנזכר לעיל, נתעלו למעלה עד השלוש אמצעית חג"ת דא"א עצמו, המתלבשים תוך או"א מקודם זה כנזכר לעיל.
57

יפה שעה)א(– ושם נתלבשו בתוכם של חג"ת שלו כו'. עיין עוד מעט לקמן, והטעם כי מתחילה כל הקלקול שהיה בשבעה תחתונות, היה מפני שנה"י שהם דינים כנודע, היו רוצים לעלות עד מקום אמצעיות, כדי להלבישם ולהתכללם בתוכם, ובזה יתבטלו הרחמים, בהיותם נתונים תוך הדינים, ולכן נתבטלו עד כאן לשונו. ודברי רז"ל צריך לפרשם, מפני שהם כדברי הספר החתום, ולא עוד אלא שקשה עד מאד, במה שכתב שהביטול היה מפני הנה"י, שהם היו רוצים להלביש את החג"ת, והלא כשהיה הביטול בחג"ת, עדיין הנה"י לא יצאו לאויר העולם דלעילא, שהרי כללא הוא, כשיצאו אורות המלכים, היו כולם כלולים בדעת, ואחר כך הדעת נתן אותם כולם כלולים בחסד, וכן השאר, באופן שבעת יציאתם היו מלכי נה"י כולם כלולים בחג"ת. אבל הענין הוא, שמלבד הטעם שנתן שנתן לנו רז"ל, למה היתה השבירה במלכים, והוא כי יצאו כולם כלולים בחסד, ונכנסו בכלי החסד, ולא היה כלי החסד יכול לסובלם ונשבר, וכן השאר, כמבואר בדברי רז"ל. עוד השתא מפרש טעם אחר והוא, מחלוקת שהוא לשם שמים, שהיו מים תחתונים בוכים, אנן בעינן למהוי קודם מלכא, דהיינו הנה"י, שהם מים תחתונים, בוכים להיות בחג"ת. וכשמלך החסד, והיו כל האורות כלולים בתוכו, היה אור הנצח רוצה לגבור עליו, מצד היותו מצד קו ימין כמו החסד, והיה רוצה לגבור על החסד, ולמלוך הוא בכלי החסד, ולהתכלל החסד בתוכו, והיה מחלוקת עצום ונורא ביניהם, עד שהמחלוקת גרם לכלי החסד לנשבר. וכן כשמלך מלך הגבורה. ובתוכו כלולים שאר האורות, היה ההוד מלך מצד היותו קו שמאל, למלוך שם, ולהתכלל בתוכו את מלך הגבורה, ומפני מחלוקתם נשבר כלי הגבורה. וכן כשמלך התפארת, והיו שאר האורות כלולים בתוכו, והיה אור היסוד היותו קו אמצעי, רוצה למלוך בתוכו, ולהתכלל בו בתוכו את אור התפארת, וגבר המחלוקת ביניהם, עד שמפני כך נשבר כלי התפארת. ונמצא אורות דנה"י מפני מחלוקתם, גרמו לכלים דמלכי חג"ת שישברו, וכל זה לשם שמים, מפני שהם אומרים אנן בעינן למהוי קודם מלכא, ורצונם למהוי קרובים יותר למאציל העליון. ולא עלה ברצון המאציל העליון כך, מפני שאם היה כך, שהיו מלכי נה"י מולכים בכלי חג"ת, וכולים בתוכם את אורות מלכי חג"ת, היו הרחמים מתבטלים בתוך הדינים, וכיון שלא עלה ברצונו הפשוט יתברך שמו כך, נשברו כלי חג"ת, ולא מלכו, לא אלו, ולא אלו. ואחר כך שמלכו מלכי נה"י בכלים שלהם, גם הם נשברו כליהם, כיון שהם גרמו שבר לכלים הראשונים, אי אפשר לכליהם שיתקיימו, ונשברו גם הם, אלו ואלו. **ודע** שמחלוקת זה נמשך ביניהם, עד עת תיקון העולמות, ותיקון הפרצופים. וכאשר נתקן פרצוף ז"א שאז עילת העילות עשה שלום ביניהם, ופריש חד רקיע ביניהם. ושוי אלו ואלו שוים, והוא כי)נותן(כאשר נתקן נתקן ז"א ונגדל עד היותו בן תשע שנים ויום אחד, שנכנסו בו המוחין מלובשים בנה"י דאימא, וכאשר הגיע יסוד דאימא עד החזה שלה, ונתפשטו החסדים, ויצאו ב' חסדי נצח והוד, וג' **]אח[**י"י - נראה לעניות דעתי שצריך לגרוס **וב'** שלישי חסד התפארת מגולים, וירדו עד היסוד של ז"א, וחזרו להעלות מלמטה למעלה, וכשנכנסו בתוך היסוד דאימא. היו מכים בחסדי חסד וגבורה ושליש חסד

כבר ידעת כי[60] עולם הנקודים הוא מבחינת שם ב"ן שהוא בחינת המלכות, לכן נקראים הנקודות **מלכים**. ושם ב"ן במילוי הוא בעל תשעה אותיות, כזה - יו"ד ה"א ו"ו ה"ה, שיש בהם ארבעה אותיות של שם הוי"ה ב"ה, והמשה אותיות המילוי שהם ו"ד ה' ו' ה', כאשר אותיות השורש[61] הוי"ה הם רחמים, ואותיות[62] המלוי הם דין. והם[63] סוד אמרפל וחבריו, שהם[64] ארבעה מלכים את החמשה, כמו שהולך הרב ז"ל ומבאר. עוד צריך לדעת **כלל חשוב** כי[65] חג"ת שהם בחינת[66] רחמים, נקראים אבות, בערך הנה"י שהם דינים שנקראים בנים.

התפארת המכוסים, ומגדלים הארתם, עד שעולים שני חצאי חסד דחסד לחכמה, וחצי שליש לדעת. וכן עולים שני שלישי חסד הגבורה לבינה, וחצי שליש לדעת. ושני שלישי חסד התפארת, עולים עד הכתר, ומגדלים כל פרצוף ז"א עד הכתר שלו. וכל זאת מפורש בדברי רז"ל בשער דרושי הצלם, דרוש ג'. ונמצא חסדי חג"ת הגיעו עד הכתר. וכל זה בפנים כותלי נה"י דאימא. וגם מבחוץ לכותלי נה"י יסוד דאימא, עלו אורות חסדי הנה"י דז"א באור חוזר שלהם, והגדילו והגיעו עד הכתר דז"א, כאשר מפורש בדברי רז"ל שם בדרוש י"ג וי"ד, המתחיל שם בהקדמה זו - עיניך כו'. ומצא אלו ואלו, אורות חג"ת, ואורות נה"י, כולם שום לטובה, כי כולם עלו עד הכתר, ושניהם שוים לעילת העילות, ואין ביניהם מפסיק, אלא חד רקיע, שהוא כותלי כלים נה"י דאימא, **ודי בזה**.
[58]

בית לחם יהודה ש"ט פ"ה ד"ה ע"ד – ושם נתלבשו בתוכם של החג"ת. כלומר, ושם נתלבשו הנה"י בתוכם של החג"ת, וכמבואר בסמוך.
[59]

הגהות וביאורים)א(– בספר כתב יד ליתא תיבת של.
[60]

מבוא שערים ש"ב ח"ג פ"ח דט"ז ע"ב – ונמצא כי המלכים הנשארים מלהתברר, הם הם חיות הקליפות ולהיותם נקרא רשות הרבים, יען הם נפרדות, ואינם מחוברות, כי עדיין לא נתקנו, והם הם י"א יום מחורב דרך הר שעיר, הם המלכים שמלכו בהר שעיר הוא אדום, והם הם שאמרו **א'י אלהי'מו צור חסיו בו**, כמנין י"א. והם הם י"א סמני הקטורת, אשר בהקטירם אותם עולים למעלה, ומסתלקים מתוך הסיגים הנקראים מות, ואז מתבטלים הסיגים והמות והמגפה נעצרה, **והבן זה**. ואמנם שרשם אינם רק **תשעה לבד** כנזכר, ולכן נרמזו בשם ב"ן. שהוא מקורם כנזכר, אשר הוא כנוי אל המלכות, ולכן נקראו גם הם מלכים כנזכר לעיל. **והנה מצינו בשם ב"ן במילואו תשעה אותיות**, ומשם נרמזים ונאחזים, וכמו שנתבאר בפסוק זה - ויהי בימי אמרפל כו'.
[61]

תרשים ה – א.
[62]

שער מאמרי רשב"י דמ"ג ע"ג – והענין הוא במה שהודעתיך, כי כל המילויים הוא בחינת דין, כי כן מלוי בגימטריא אלהי"ם.
[63]

שער הפסוקים, פרשת לך לך ד"ז ע"ב – ויהי בימי אמרפל מלך שנער וגו'. הנה נודע, כי הנה המלכים שמלכו בארץ אדום ומתו, היה ענינם, בא"א, ואו"א, וזו"ן. וכולם הם מבחינת הנקבה, הנקרא מלכות ולכן נקראים מלכים, על שמה. ונודע כי המלכות היא הוי"ה דב"ן דמלוי ההי"ן. ונמצא, שאף על פי ששבעה מלכים הם דמיתו, אינם אלא תשעה, והם כנגד תשע אותיות שיש בהוי"ה דב"ן דההי"ן. ונודע כי הסיגים והקליפות נתבררו מתוך אלה המלכים, ולכן כנגדם הם תשעה מלכים אחרים, שהם קליפות גמורות, וסיגים של תשעה מלכים הנזכרים הקדושים. ואלו הם בחינת אלו המלכים, אמרפל וחבריו, ומלכי סדום וחבריו, ולכן נתחלקו לשתי בחינות. כי ארבע המלכים אמרפל וחבריו, הם סיגי ארבע אותיות השרשיות של ההוי"ה הנזכר. וחמש מלכי סדום ועמורה וכו', הם הסיגים של חמשה אותיות מלוי ההוי"ה הנזכר, שהיא של ב"ן דההי"ן. וזה סוד אומרו, ארבעה מלכים את החמשה.
[64]

בראשית י"ד א'-י' – ויהי בימי אמרפל מלך שנער אריוך מלך אלסר כדרלעמר מלך עילם ותדעל מלך גוים. עשו מלחמה את ברע מלך סדם ואת ברשע מלך עמרה שנאב מלך אדמה ושמאבר מלך צביים ומלך בלע היא

[67] וְהַטַּעַם [68] **כִּי** [69] **מִתחזְלה** לפני שא"א העלה את הנה"י להתלבש בתוך החג"ת, **כל הַקִלְקוּל** השבירה והמיתה **שֶׁהִיָה בְּשִׁבְעָה תַּחְתּוֹנוֹת** דנקודים, **הָיָה מִפְּנֵי שָׁנָֽ"י** דנקודים שֶׁהֵם **דִּינִ֞ין** בערך החג"ת דנקודים, **כַּנּֽוֹדַ֞ע** שנה"י בסוד [70] תוספת והם [71] מבר לגופא, ומהם [72] יונקים החיצונים, כנזכר [73]

צער. כל אלה חברו אל עמק השדים הוא ים המלח. שתים עשרה שנה עבדו את כדרלעמר ושלש עשרה שנה מרדו. ובארבע עשרה שנה בא כדרלעמר והמלכים אשר אתו ויכו את רפאים בעשתרת קרנים ואת הזוזים בהם ואת האימים בשוה קריתים. ואת החרי בהררם שעיר עד איל פארן אשר על המדבר. וישבו ויבאו אל עין משפט הוא קדש ויכו את כל שדה העמלקי וגם את האמרי הישב בחצצן תמר. ויצא מלך סדם ומלך עמרה ומלך אדמה ומלך צביים ומלך בלע הוא צער ויערכו אתם מלחמה בעמק השדים. את כדרלעמר מלך עילם ותדעל מלך גוים ואמרפל מלך שנער ואריוך מלך אלסר **ארבעה מלכים את החמשה.**
65

ע"ח ש"ט פ"ג מ"ת דצ"ז ע"ב – גם הוא לסבת טעם אחר כנודע מזוהר ומתיקונים כי חג"ת הם אבות, ונה"י נקרא בנים.
מבוא שערים ש"ה ח"ב פ"ב דמ"ו ע"א – כנודע כי חג"ת נקראים אבות, ונה"י בנים.
66

תרשים ה – ב.
67

כרם שלמה ש"ט פ"ה אות ב' – ומה שכתב, והטעם כי מתחילה וכו'. בא ליתן טעם למה התכללות של א"א היה הנה"י בתוך חג"ת, ולא חג"ת בתוך נה"י. כי הרי מצינו במקום אחר בעיבור ז"א שהכללות היה שהנה"י עלו והלבישו לחג"ת, ולמה כאן היה להפך. לזה כתב כאן **והטעם** וכו'. כי כאן אנחנו עוסקים בתחילת התיקון, והעיקר של הקלקול של שבעה תחתונות של ז"א היה מפני שהנה"י הם דינים, והיו רוצים להתגבר על הרחמים, ולא עלה בידם. **והנה"י והחג"ת והשבעה תחתונות** הנזכרים כאן אחר מילת **כי מתחילת כל הקלקול**, הם **הנה"י והחג"ת של ז"א**, ולא ח"ו של א"א. ומה שהוצרך שא"א עצמו לכלול הנה"י שלו בתוך החג"ת הוא שעל ידי זה יתתקן הז"א, בבחינה כזאת דוגמת מעשה א"א, ואז יתתקן כמו שמבואר והולך.
68

בית לחם יהודה ש"ט פ"ה ד"ל ע"ד – והטעם. שהנה"י נתלבשו תוך החג"ת ולא היה בהפך שהחג"ת יתלבשו תוך הנה"י. אי נמי יש לפרש, והטעם שאסף א"א את הנה"י שלו, והעלם למעלה, ולא הספיק בלא ענין זה כלל.
69

בית לחם יהודה ש"ט פ"ה ד"ל ע"ד – כי מתחלה וכו', והיו רוצים להתגבר על הרחמים וכו', ולכן נתבטלו. כמו כן כתב בשער הקדמות דף ל"ב סוף ע"ד יעו"ש. וזה סיבה אחרת לשבירת הכלים, מלבד הסיבה הנזכרת בריש פרקין, ופירושו מבואר בהרב יפה שעה ז"ל, כי בהיכנס אורות השבעה מלכים בכלי החסד, נתגבר אור הנצח על אור החסד, שהוא הקו שלו, והלביש עליו. וכן בהיכנס האורות בכלי הגבורה מתגבר אור ההוד על אור הגבורה, שהיא קו שלו, והלביש עליו. וכן בהיכנס האורות בתפארת, נתגבר אור היסוד על אור התפארת, והלביש עליו. ולכן נשברו כלי החג"ת. ואחר כך כשנמלכו הנה"י בכליהם, גם הם נשברו. כי כיון שהם בחינת דינים חזקים, לא יכלו כליהם לסובלם ונשברו. ואני חיים שמעתי, טעם אחר ממורי ז"ל.
70

ע"ח שט"ז פ"ד מ"ק ד"פ ע"ג – כבר ביארנו כי לעולם, **כל בחינת נה"י הם סוד תוספת, ואינם עיקרין.** ולכן הם לבר מגופא, והטעם לפי שמריש עילאה דעתיק אינו מלובש בא"א, כי אם שבעה תחתונות שבו, אם כן נמצא שאין קיום לא"א רק לשבעה ראשונות שבו, והשלושה תחתונות, **שהם נה"י אינן יכולין לבא רק בסוד תוספת, כי אין להם עיקר וקיום במציאות העליון ממנו.** וכן על דרך זה כל האצילות.
שער מאמרי רשב"י, אדרא זוטא, דמ"ט ע"ד - כי **לעולם** כל בחינת נה"י בכל מקום, שהם הם נקראים לבר מגופא, **ותמיד הם בסוד תוספת,** ואינם עקריים. ולכן תמיד הם באים מחדש בסוד תוספת, ואינם מושרשים שם תמיד. וזהו הטעם שבכל נה"י בכל מקום באים בסוד תוספת ואינם עקריים, וכן הענין כאן, כי מיסוד דעתיק יומין נתפשטו נה"י דא"א, וכן הענין בכל נה"י שבכל האצילות, **וזכור כלל זה.**

שער מאמרי רשב"י, אדרא זוטא דנ"א ע"ג – ואמנם ענין זה שאמרנו, כי נתרבה השפע ונעשו גם כן נה"י דאבא ואימא, צריך ביאור רחב, ובו יתבאר הקדמה מוכרחת לדעת אותה, **בענין הנצח וההוד והיסוד בכל מקום שהם הם בסוד תוספת, ואינם עיקרים קבועים תמיד.** וצריך לדעת מה זה היה ענין נצח והוד ויסוד שתמיד באים בסוד תוספת, ואמרו בזוהר בפרשת בראשית שהם לבר מגופא. וטעם הדבר הוא כי להיות שלעיל ביארנו, שאי אפשר אל אריך אפין להלביש את עתיק יומין בתוכו, **אלא השבעה תחתונות שבו בלבד.** וכיון שמתחילת רום האצילות נהיה כן, נמצא שאין קיום והארה אל א"א אלא לשבעה ראשונות שבו, **ושלשה אחרונות שבו, שהם נצח הוד ויסוד שבו, אין להם הארה וקיום.** ולכן צריכין לבא בסוד תוספת, ונמצא שמשם ואילך, בכל שאר הפרצופין של האצילות, היה על הסדר הזה, כיון שאין העליון מתלבש בתחתון, אלא שבעה התחתונות שבו בלבד. וכל הנה"י של כל הפרצופין כולן באים בסוד תוספת, **וזכור ענין זה.**
71

זוהר פרשת בראשית דכ"א ע"ב עם תרגום וביאור – **וירא כי לא יכול לו ראה הס"מ** שלא יכול הוא להזיק ליעקב אבינו **ויגע בכף ירכו,** ר"ל **נטל תוקפא דדינא מתמן** לקח את הדין החזק מהנצח, שהוא חלק מהנה"י, **בגין דירכא איהו לבר מגופא** מפני שהרגלים הם מחוץ לגוף, והם דינים, **דיעקב גופא הוה** ויעקב אבינו הוא בתפארת, שהוא כללות החג"ת, **וגופיה הוה כליל ברזא דתרין דרגין** והתפארת כלול מחסד וגבורה, נמצא שיעקב כלול מחג"ת, בסוד בחיר האבות, **ברזא דאיקרי אדם** בסוד אדם הנקרא חג"ת, **כיון דנטל תוקפא לבר מגופא** כיון שלקח הס"מ כח מהנצח שהוא חלק מהנה"י, לכן יש יניקה לחיצוניים מהנה"י, **מיד ותקע כף ירך יעקב** אז שלט הס"מ על ירכו של יעקב אבינו והזיקו.
72

ע"ח שי"ח פ"ד מ"ת דפ"ז ע"ד – ועתה תבין ותראה, איך נשארו הכלים של נה"י בלתי ניצוצין עצמן, ולכן יניקת הקליפות הוא מהם.
73

שער הכוונות, דרושי חזרת העמידה, דרוש א' דל"ח ע"ב – בחזרת העמידה של שליח ציבור, דע כי כוונת חזרת העמידה, הוא ממש כדרך אשר נתבאר בעמידה של לחש, ואין הפרש ביניהם כלל... ... וכמו שנתבאר כל זה בברכת אבות דתפלת לחש, ואמנם עתה צריכה לעלות עוד שלשה מדריגות אחרות, שהם חג"ת דז"א, ולכן צריך עתה פעם אחרת לחזור ולעשות כל אותם התיקונים הנזכרים ממש פעם אחרת, ככל הנזכר. כי בכל עליית מדריגה יותר עליונה, צריכה אל הארות אחרות יתירות, ולכן חוזרין העמידה עצמה ממש. אבל יש **הפרש ביניהם,** שהראשונה **היתה בלחש לפי שהיתה עדיין למטה במקום נה"י דז"א, אשר יש שם פחד ואחיזה לחיצונים והקליפות,** כמו שמצינו להרשב"י ע"ה בזוהר מגזם מאד בענין המשמיע קולו בתפלתו, **שהקליפות אוחזות בתפלתו.** יען הוא במקום תחתון. אבל עתה בעלותה אל חג"ת דז"א, **אין שם פחד מן הקליפות,** ולכן אומרים אותה בקול רם.

בין איש חי, שנה ראשונה, פרשת תרומה, הלכה ב' – אף על גב דטעם הפשטי של החזרה הוא להוציא מי שאינו בקי, אין זה עיקר הטעם דבזמן הזה כמעט בטל טעם זה דהכל מתפללין בסידורים, והמתפלל בעל פה בקי הוא, ואם יש עם הארץ לגמרי הנה זה עומד כאבן ולא תועיל לו החזרה שאינו נותן לב עליה, מאחר דאין מבין כלום. אך באמת טעם העקרי של החזרה הוא שמבואר בדברי רבינו האר"י ז"ל על פי הסוד, ומפורש בספר הכונות, **דבחזרת התפלה חוזרים ונעשים כל התיקונים שנעשו בתפלת לחש, אלא דההחזרה היא מגעת במקום עליון וגבוה יותר, ממקום שמגעת שם תפלה דלחש,** וזה הטעם דתפלת לחש צריך לדקדק מאד לאומרה בלחש, **והקפידו בזוהר מאד על המרים קולו בתפילתו, מפני הפחד מן הקליפות שלא יתאחזו בה, אבל חזרה להיותה במקום עליון וגבוה, אין אחיזה לקליפות שם,** לכך **אומרים אותה בקול רם באין פחד.** ולפי זה משני דברים תוכל להבין מעלת החזרה, האחד דאומרים אותה בקול רם, והשני דלא ניתן רשות ליחיד לחזור לחזור התפלה, כי אם דוקא לציבור שהם עשרה, לכך אין לבטל חזרה כלל אלא רק בשעת הדחק שלא נשאר זמן, או שהם עשרה בצמצום, וברור לו שיש בהם אנשים המונים שאין נותנים לבם לחזרה, ואפילו על אמנים לא יתנו לב לענות, דאז כל כהאי גוונא יתפלל הש"ץ שלשה ראשונות בקול רם עם הציבור כשהם מתפללין בלחש, כדי שיאמר קדושת - נקדישך ונעריצך, ואחר חתימת אתה קדוש, גם הש"ץ יסיים התפלה בלחש. ועיין מנחת אהרן כלל ט"ז אות נ"ו, עיין שם כמנהג הזה, יעוין שם.

בדרושי חזרת העמידה, **והיו רוצין הם** ר"ל הנה"י דנקודים **להתגבר על הרוזמים, שהם** זוג"ת דנקודים. **והיו רוצין** הנה"י **לעלות עד מקום האמצעית** ר"ל למקום החג"ת **כדי להלבישם, ולכללם בתוכם, ובזה יתבטלו הרוזמים** שהם חג"ת **בהיותן נתונין תוך הדינין** שהם הנה"י, **ולכן יתבטלו** הרחמים, וישלוט הדין, ר"ל שהדינים רצו להלביש את הרחמים, ובכך לשלוט על הרחמים, בסוד[74] קין שהרג את הבל, **ודי למבין**. וכאן היה ההפך החג"ת הלבישו את הנה"י, ר"ל הרחמים כבשו את הדין, כמו שיתבאר לקמן במלחמת ארבעה את החמשה.

[75]**ואני**[76] זזיים ויטאל **שמעתי** טעם אחר, **כי**[77] **להיות הנה"י**[78] דא"א יותר **מגולים** (גורסים גם את הנ"א, והם **דינים גדולים**), **לכן היו מתגברין על האמצעים** שהם חג"ת דא"א,

---

74

שער הגלגולים, הקדמה כ"ח דכ"ח ע"ב – דע, כי ז"א יש לו שלשה מוחין, שהם חו"ב, וביניהם המוח השלישי הנקרא דעת, הכלול מחו"ג, תרין עיטרין. וכאשר חטא אדה"ר, גרם שירד מוח הדעת למטה בין שתי הכתפות של ז"א, בשליש העליון של התפארת, שהוא עד מקום החזה, **ושם נפרדו החסדים בכתף ימין, והגבורות בכתף שמאל**. ונודע, כי קין והבל נולדו אחר שחטא אדם הראשון, **והנה קין הוא מן אלו הגבורות שבכתף השמאלי**, אחר ירידתם שם, כי אז אין להם כל כך הארה כמו בהיותם למעלה במוח עצמו.... ועל דרך זה תקיש **בשרש הבל, שהוא מן החסדים שבדעת**.

שער הפסוקים, פרשת כי תשא דל"א ע"ב - למה יאמרו מצרים ל'אמר ב'רעה ה'וציאם וגו'.)מזולתו( )ראשי תיבות הוא הב"ל, והענין הוא, כי כבר ידעת, כי קין רובו רע, והבל הוא טוב, ונאמר עליו ותרא אותו כי טוב הוא. ואם כן למה יאמרו מצרים, כי הבל שהוא משה מסטרא דטוב, הוציא את בני ישראל ממצרים ברעה, שהוא מסטרא דקין. **וכמו שקין הרג להבל** בהרים ובשדות, גם פה הוציאם להרוג אותם בהרים. וכמו שקין אתא מסטרא דנחש, שנאמר עליו ולכל תכלית הוא חוקר, שכוונתו לכלותו לכלות כל העולם. כן פה נאמר, ולכלותם מעל פני האדמה. וכמו שקין כתיב בו הן גרשת אותי היום מעל פני האדמה, כן פה כתיב, ולכלותם מעל פני האדמה. ואם כן כדי שלא יחשבו מצרים, שאני מסטרא דרע חס ושלום, לכן למה הוי"ה יחרה אפך בעמך, אשר הוצאת מארץ מצרים, לכן שוב מחרון אפך.)עד כן מזולתו(.

75

יפה שעה)ב(– ואני חיים שמעתי, כי להיות הנה"י יותר גדולות, לכן היו מתגברות על האמצעיות, כי האמצעיות היו קצת מתוקנים בסוד פרצוף או"א, מה שאין כן בנה"י, לפי שאורות מגולים, היו מתגברים על האמצעיות. פירוש, כי הוא שמע שהמחלוקת שהיה בין אורות נה"י, לאורות חג"ת הוא, שכאשר נתקן כל האצילות כולו, ופרצוף א"א אחר תיקונו, שנתקן הבריח מן הקצה אל הקצה, מראש כל האצילות עד סופו כנודע. וכאשר נתקנו או"א, והלבישו על א"א מן הגרון עד הטיבור כנודע. נמצא היות אורות א"א מבית ומחוץ, מצופים מכוסים מבית, יסוד דעתיק המגיע עד החזה דא"א, ועד שם אורות החו"ג דא"א, היוצאים מתוך יסוד דעתיק, בגו גופא דא"א, הם מכוסים בכלי היסוד דעתיק, ומשם ולמטה הם מגולים, כאשר האריך רז"ל בכל זאת בשער א"א פרק ב', יע"ש. ומחוץ, שא"א מלבישים חסד וגבורה של א"א עד הטיבור, ונמצאו אורות א"א, שעד החזה שלו מכוסים מלגו ומלבד. ומן החזה שלו ולמטה, מגולים. וכאשר נה"י שלו מגולים, והארתם גדול וגלוי מאד, היו רוצים להתגבר על האמצעיות. ולהיות עיבור ז"א למטה בתוכם דנה"י דא"א, בהיותם במקומם למטה, ולא עלה ברצון הפשוט כך, מה עשה, העלה הנה"י שלו למעלה במקום חג"ת שלו, ושם נכללו נה"י בחג"ת, ושם אחר היותם נה"י כלול בחג"ת, וחג"ת כלול בנה"י, שם למעלה נעשה עיבור דז"א.

76

כרם שלמה ש"ט פ"ה אות ב' – ואני הכתבו חיים ויטאל שמעתי טעם אחר, כי להיות שהנה"י יותר מגולות, לכן היו מתגברות על באמצעיות, וכמבואר זה שכתבתי על הפסוקים - ויהי בימי אמפרל מלך שנער וכו', עיין שם. והנה לסיבה זו הנזכר, אסף א"א הנה"י שלו למעלה, ואדרבא הכניסן תוך חג"ת שלו ונתלבשו בתוכם.

כי[79] **האמצעים** שהם חג"ת דא"א **היו**[80] **קצת מתוקנים, בסוד פרצוף או"א** ר"ל[81]

פרצופי או"א עילאין וישסו"ת הלבישו את חג"ת דא"א, בעצם החג"ת דז"א שלפני התיקון, מן הגרון עד הטבור, כאשר או"א עילאין מלבישים מהגרון עד החזה דא"א, וישסו"ת מהחזה עד הטבור, ויוצא לפי זה החג"ת דא"א היו

ועל ידי כך נתגברו הרחמים על הדין, ונתמתקו הדינים. ואז נתקן ז"א, והיה שם בבחינת עיבור ראשון, והיה שם בסוד תלת כלילן בתלת. ואחר כך יצאו ממותקים נה"י דז"א לחוץ, ונתפשטו במקומם, ואז גם ז"א נולד, ויצא משם בבחינת ו"ק מתפשטים, וגם ממותקים. והרי נתבאר לך היטב מי גרם לז"א להיות בימי העיבור תלת כלילן בתלת, שהיה בדמיון א"א. ואחר כך בדמיון התפשטות ו"ק דאריך נתפשטו גם ו"ק שלו, ויצא לחוץ, ונולד ממותק ומתוקן, וזכור היטב זה, עד כאן לשונו.
77

בית לחם יהודה ש"ט פ"ה ד"ל ע"ד – כי להיות הנה"י יותר מגולין. פירוש כי בעת שמלכו האורות בכלים דחג"ת, עדיין היו אורות הנה"י הנכנסין עמהם מגולים מבלי לבושין שלקחו מאחוריים דאו"א עילאין, כי לא נגמר אחורי או"א ליפול לגמרי, כי אם אחרי שמת שליש העליון דתפארת, כמבואר בפרק ב' דלעיל, שכתב וז"ל - ונחזור לענין ראשון, כי הנה כאשר עדיין לא מת שליש תפארת עדיין לא נגמר ירידת ונפילת אחורי או"א לגמרי, וכאשר היו המלכים האלו נכנסין בכלי שלהם, היו מגולין באור גדול, אבל אחר שמת שליש עליון דתפארת, אשר אז נפלו שם האחוריים דאו"א, הנה כאשר יצאו שם שאר האורות הנשארים, כדי להיכנס בכלי שלהם, היו מלובשים באלו האחוריים שנפלו וכו', יעו"ש. נמצא שבהיכנס אורות השבעה מלכים בכלים דחג"ת, עדיין היו אורות הנה"י מגולים מבלי לבוש האחוריים דאו"א. אמנם מה שכתב שהנה"י יותר מגולין וכו', לא ידעתי מהו יתרון הגילוי שהיה להם, כי מה שהיו החג"ת מתוקנים קצת, כדמסיים אין זה נקרא כיסוי, כמו שמבואר לעיל בפרק ב' ד"ה ואם כן, יעו"ש.
78

כרם שלמה ש"ט פ"ה אות ב' – נמצא מה שהוצרך א"א לעשות זאת האסיפה של נה"י שלו, לתוך חג"ת שלו. לא לצורכו עשאה, אלא לצורך הז"א, כמו שמפורש בהדיא שם בשער ההקדמות בסוף דבריו, שהבאנו אותו כאן. ולכן מה שכתב כאן **כל הקלקול שהיה בשבעה תחתונות**, לא על שבעה תחתונות דא"א חוזר, אלא על השבעה תחתונות דז"א, כמו שמפורש בלשונו דשם בהדיא.
79

בית לחם יהודה ש"ט פ"ה ד"ל ע"ד – כי האמצעים היו קצת מתוקנים בסוד פרצוף או"א. כלומר, אף על פי שגם אורות החג"ת היו מגולים, כמו אורות הנה"י באין הפרש, כמו שכתב בדבור הקודם לזה, מכל מקום החג"ת היו מתוקנים קצת, בסוד פרצוף או"א הנכנסים בחג"ת, בסוד מוחין כמבואר בפרק ב' דשער ל"ד סוף כלל ט', שכתב - כי נודע כי לעולם אפילו קודם התיקון הנה"י דאו"א, היו נכנסין תוך גופא דז"א על דרך שאר הזמנים, יעו"ש. ולפי שהמוחין הם נגמרים בשליש דתפארת עליון דז"א, לכן היו החג"ת מתוקנים קצת, אף על פי שגם הם היו מגולים.
80

כרם שלמה ש"ט פ"ה אות ב' – ומה שכתב, כי האמצעים היו מתוקנים בסוד פרצוף או"א מה שאין כן בנה"י. ר"ל כי כל פרצוף ופרצוף של עשר ספירות בתיקון כך נעשו. מספירות חב"ד נעשה עתיק ונוקבא וא"א ונוקבא. ומחג"ת נעשו פרצופי או"א וישסו"ת, ומנה"י נעשו זו"ן ויעקב ורחל [**אח**]**י** -הקטנים]. וכאן גם כן במקום חג"ת דז"א נעשו פרצוף של או"א, והזו"ן העיקרים נעשו וישבו במקום הנה"י. והוא מפני שהחג"ת הם יותר ממותקים, לכן מהם נעשו פרצופי או"א. והוא כמו שכתוב לעיל בפרק ד', כי או"א ישבו במקום החג"ת דז"א, ובמקום החג"ת דא"א, כי אחר התיקון החג"ת דא"א, כי הא"א לקח כל אורך האצילות. וידוע הוא כי או"א הם הלבישו להחג"ת דא"א, ולכן בין אם תאמר חג"ת דז"א [**אח**]**י** - דלפני התיקון], ובין שנאמר חג"ת דא"א, הכל אחד, כי זה קודם התיקון, וזה אחרי התיקון.
81

תרשים ה – ג.
82

תרשים ה – ד.

מכוסים בארבעה פרצופי או"א. **מה שׁאין כן בּנה"י** דא"א, ולפי[83] **שׁאורם מגּולין** כי עדיין פרצופי זו"ן לא נתקנו, ולא הלבישו את הנה"י דא"א, **היו** הנה"י דא"א שהם דינים **מתגּברין על האמצעים** שהם חג"ת דא"א, **שׁאורם מכוסה**, והם רחמים. **וכמבוארּ**[84] **אצלינו זה קצת בסוד**[85] מלחמת **אמרפל וחביריו יעׁ"שׁ**[86].

להבין מלחמה זאת של אמרפל וחביריו, ואיך קשורה מלחמה זאת לסוגיה זאת, כתב[87] הרב ז"ל בשער הפסוקים, כי אמרפל וחביריו היו תשעה מלכים הרומזים על שם ב"ן, שהוא בעל תשעה אותיות, ארבעה אותיות השורשיות **הוי"ה** הם

83

כרם שלמה ש"ט פ"ה אות ב' – ומה שכתב, ואני חיים שמעתי וכו'. כוונתו לומר לבד הטעם מפני שהיו דינין תקיפין, מה שהיה אפשר להיות בהם כח לעלות עליה ממשית, מפני שהיו מגולים. פירוש, **אורם מגולה**, והחג"ת **אורם מכוסה**. לכן היה אפשר להם לעלות עד מקום החג"ת. ואם יעלו, הואיל והם הדינין תקפין, לכן ילבישו להרחמים, שהם חג"ת, ויתבטלו הרחמים, ולא יהיו נראים. אבל לא בא לסתור טעם הראשון של הנה"י, מפני שהם דינים, אלא בא להוסיף ולומר באיזה כח היה אפשר להם, להנה"י לעלות עד מקום החג"ת, עד שאתה מתיירא מפני שהם דינים יבטלו להרחמים של החג"ת, לזה אמר מפני שאורם מגולה, היה בהם כח, אפשר לעלות, וזה פשוט.

84

כרם שלמה ש"ט פ"ה אות ב' – וזהו מה שכתב כאן לשון **קצת**, שהוא **כמבואר אצלינו קצת**, כי אינו ממש, כאן רק מביא ראיה, אפילו קודם התיקון להיותם מגולים, לכן יש להם כח לעלות, ופשוט.

85

בית לחם יהודה ש"ט פ"ה ד"ל ע"ד – בסוד אמרפל וחביריו. הוא בשער הפסוקים פרשת לך לך דף י"ט ע"א, שכתב שם כי אמרפל ואריוך וכדרלעומר ותדעל הם כנגד ארבעה אותות הוי"ה דב"ן, וחמשה מלכים של סדום ועמורה הם כנגד חמשה אותיות דמלוי ב"ן. וכולם הם בחינת הסיגים והקליפות דשבעה ממלכם דמיתו, וכל תשעה מלכים אלו התחילו להתתקן בימי אברהם אבינו ע"ה, שהוא לעשות להם בחינת פרצוף וכלים, להלביש את אורות שלהם, אמנם עדיין לא נתקנו כולם, רק ארבעה מלכים השרשים, שהם כנגד ארבעה אותיות השרשיות דשם ב"ן. אבל החמשה מלכים שבבחינת אותיות המלוי, לא היה להם תיקון עדיין, ובהיות השפע נמשך אליהם, היה שלום ביניהם. וכשחסר להם השפע, רצו אלו החמשה מלכים להתגבר ולעלות למעלה ממדרגת הארבעה מלכים, כדי להתקרב אל הקדושה, ולקחת שפע משם, ואף על פי שהם ענפים שלהם מרדו בהם, לפי שהארבעה מלכים שהיו בבחינת תיקון והלבשת הכלים אל אורותיהם, אינם יכולים לעלות למעלה ממדרגתם. אבל אלו החמשה מלכים שהיו בלתי תיקון, מופשטים מן הלבושים, יש להם כח לעלות למעלה ממדרגת האחרים, יעוש"ב. ולכן גם הכא שהיו החג"ת מתוקנים קצת, בסוד פרצוף או"א, והנה"י היו מגולים היו מתגברים על החג"ת.

86

הגהות וביאורים)ב(– עיין שער העיבורים פרק ב'.

87

שער הפסוקים, פרשת לך לך ד"ז ע"ג – וענין מלחמה זו, וגם למה היתה עתה, יובן במה שאמרו חז"ל, כי כוונתם היתה לשבות לשבות את אברהם עצמו, כי בקחתו את לוט בן אחיו, יבא אברהם להצילו, וישבו אותו גם כן. **וכפי הסוד ענינו הוא זה**, כי הנה נתבאר אצלינו בשער רוח הקודש, ענין לוט וגם אברהם מה ענינם, ועין שם. והדבר בקיצור הוא, כי אברהם הוא סוד אור החסדים שבזעיר, הנקרא הוי"ה דאלפי"ן, **העולה מ"ה**. ולוט הוא עומד כנגד אחוריים דז"א, והוא הקליפה היונקת מן אחורייים שלו, ולכן גם הוא בגימטריא **מ"ה**, כמנין לו"ט. **ולוט תרגום דארור**, שהיא הקליפה. ולכן היה קרובו של אברהם, ויונק ממנו, ותמיד הולכים יחד, כמו שאמר הכתוב - וילך אתו לוט, כנדרש בספר הזהר, שהיא בחינת הקליפה והיצר הרע שיש באדם. ובהיות אברהם בחוצה לארץ, לא נעשה זיווג עליון דזו"ן כנזכר לעיל בפרשה לך לך מארצך וממולדתך. ולכן היתה הקליפה דבוקה בקדושה, ויונקת ממנה, כי אז היה הזעיר בסוד הקטנות דמוחין דאלהי"ם, והיו המלכים והקליפות הנזכר, כולם יונקים השפע שלהם, ואין מלחמה ביניהם. וכאשר הלך אברהם לארץ ישראל, שהוא לעורר

רחמים, וחמשה אותיות המלוי ו"ד ה' ו' ה', הם הענפים, והם[88] דינים. אברהם אבינו רומז לשם מ"ה, בסוד **אבר מ"ה**, גם לוט רומז לשם מ"ה, כי לוט הוא גימטריא מ"ה, ולוט תרגום **ארור**. אלא שאברהם אבינו הוא בקדושה, בצד הפנים, ולוט עומד באחורי אברהם אבינו, ויונק מהאחוריים שלו, וכמו[89] שהקליפות והחיצונים יונקים מאחורי ז"א, כך גם לוט

הזיווג עליון של זו"ן, הנקרא ארץ כנזכר לעיל, אז נכנסו המוחין דגדלות, ונפרד לוט שהוא הקליפה מעל אברהם. בסוד - הפרד נא מעלי, ולא אמר ממני, **אלא מעלי**, כי ממש היה דבוק באחורי זעיר כנזכר, וכאלו ח"ו משא כבד היה טעון באחוריו. ואז כתיב - ויפרדו איש מעל אחיו, ולא כתיב מאחיו, אלא מעל כנזכר. ואז נחסר שפע הקליפה והמלכים הנזכר, **ולכן נלחמו זה עם זה**, כמו שנבאר. והענין הוא, דע, כי תשעה מלכים האלו, בזמן אברהם, התחילו לתקן בסוד התיקון, שהוא לעשות להם בחינת פרצוף וכלים, להלביש את האורות שלהם, כנודע אצלינו בענין תיקון המלכים. אמנם עדיין אז לא נתקנו כולם, רק ארבע מלכים השרשיים, שהם כנגד ארבעה אותיות השרשיות דשם ב"ן, אבל החמשה מלכים שבבחינת חמשה אותיות המלוי, לא היה להם תיקון עדיין, ובהיות השפע נמשך אליהם, היה שלום ביניהם. וכשחסר להם השפע, רצו אלו החמשה המלכים להתגבר, ולעלות למעלה ממדרגת ארבעה מלכים, כדי להתקרב אל הקדושה, ולקחת שפע משם. ואף על פי שהם ענפים שלהם, מרדו בהם, לפי שהארבעה מלכים שהיו בבחינת תיקון והלבשת הכלים אל אורותיהם, אינם יכולים לעלות למעלה ממדרגתם, אבל אלו החמשה מלכים, שהיו בלתי תיקון, מופשטים מן המלבושים, יש להם כח לעלות למעלה ממדרגת האחרים. ולכן מרדו החמשה מלכים, עם היותם ענפים, ונתגברו על הארבעה מלכים השרשיים. אבל עם כל זאת, להיותם בחינת השרשים, גברה ידם עליהם, והכניעום תחתם. ולהיות כי כל קטטה זו היתה, מחסרון השפע שלהם, לכן - ויקחו את לוט ואת רכושו, שהיא הבחינה היותר סמוכה אל אברהם, שהוא ז"א כנזכר לעיל. ועל ידי ששבו אותו, יקח הוא שפע מאברהם, ויקחו הם שפעם ממנו. וזהו כוונת דברי חז"ל שאמרו, שרצו המלכים לשבות גם את אברהם, והבן זה היטב.

88

שער מאמרי רשב"י דמ"ג ע"ג – והענין הוא במה שהודעתיך, כי כל המילויים הוא בחינת דין, כי כן מלוי בגימטריא אלהי"ם.

89

ע"ח ח"ב של"ב פ"ה מ"ת דל"ז ע"א – קיצור הדברים הוא, כי שלוש נקודות הם. **אחת** נקודה עלאה טמירא בגן עדן. **ואחת** נקודה בירושלים, אמצעית דישובא לחוד, ולא לכולי עלמא, כמו נקודת גן עדן. **והשלישית** נקודה דסטרא אחרא דחרובא, וזהו ביאור המאמר זה והוא דרוש נעלם, **וראוי להעלימו**, כי כבוד אלהי"ם הסתר דבר...... והנה מצינו ראינו שלוש נקבים בגוף, שתים מהם דרך פנים, והם נקודת פי הטבור, ונקודת פי האמה, **ונקב אחד באחור, שדרך בו יוצאין השרים אל החיצונים**. ואלו הם שלוש נקודות הנזכר כאן, ואף על פי שנקודת הטבור סתומה, בהכרח הוא שמשם יוצא קצת הבל, כי היותו התינוק בסוד העיבור, טבורו פתוח כנודע...... ואמנם נקודה תתאה זו, שהוא פי היסוד דז"א, אשר גם כן הוא יסוד דרחל מכוון כנגדו כנזכר לעיל, **הנה כנגדן יש נקודה שלישית באחור דז"א**, שדרך בו יוצאין השמרים אל החיצונים כנזכר לעיל. ונראה לעניות דעתי ששמעתי ממורי זלה"ה, כי גם בזה שייך בחינת היסוד של הנוקבא של הקליפות, המכוון ממש נגד נקודת האחור הזה שבקדושה, והוא נקרא נקודה דחורבא, כמו שנבאר...... **ואמנם צד פנים שלו הוא קדושה גמורה, וצד האחוריים שלו יש שם אחיזה של החיצונים**, כמו שנבאר.... וכנגד המקום הזה עצמו מן האחור, הוא מקום עמידת רחל נוקבא דז"א, וזה סוד שנקרא רחל ארץ כנזכר לעיל, בסוד - ארץ ישראל, ארץ, ז"א הנקרא ישראל, לפי שבשיעורה יש שיעור הישוב, הנקרא ארץ, על שם - שהיא מריצה את פירותיה, כמארז"ל. אף על פי שהיא עומדת באחור, שהוא מקום חורבה, סופה לחזור בפנים בעת הזווג, ושם לא יש אחיזה אל החיצונים כנודע, לכן נקרא רחל ישובא לא חורבא ח"ו, כי חוזרת פנים בפנים בעת הזווג...... ואמנם מצד האחור דז"א, מחציו ולמעלה, אין בו דבר כלל, **ומחציו ולמטה יש בו נקודה שלישית באחור**, אשר משם יוצא פסולת ושמרי המאכל, ומכאן יוצא הארה אל החיצונים. וזה סוד שהקליפה ועבודה זרה נקרא צואה בלי מקום, וכמו שכתוב צא תאמר לו, **כי משם הם ניזונים**. ומצד הפנים אי אפשר לחיצונים להתאחז, **לכן הרושם הציינור זה באחוריים, כי שם הם נאחזים וניזונים**. וזה סוד שיש שם עבודה זרה הנקרא פעור, אשר עבודתה בכך לפעור עצמו ולהוציא הזוהמא אליה, כי זהו מזונה ממש, ואין שפע נמשך לה כי אם על דרך זה.

שער מאמרי רשב"י, פרשת תצוה דל"א ע"ד – ועתה נבאר מה ענין נקודת האחור שבז"א. והנה שתי ההבלים היוצאים מפי נקודת הטיבור ומפי נקודת היסוד מצד פנים, כבר נתבאר אצלנו בענין דור המדבר

היה מקבל חיותם דרך אחורי אברהם אבינו ע"ה, וכל זה בזמן הקטנות דז"א, שהיה אברהם אבינו בחוץ לארץ, ולא היה זווג עליון לזו"ן, ולכן הקליפה היתה דבוקה בקדושה. וכאשר אברהם אבינו לארץ ישראל, כדי לעורר את הזווג העליון דזו"ן, ונכנסו מוחין דגדלות, אז נפרד לוט שהוא הקליפה **מעל** מאברהם אבינו. וזה גרם לחסרון השפע לקליפות והחיצונים, ולכן נלחמו אמרפל וחבריו זה בזה כדי לשבות את לוט, ואז על ידי זה גם לשבות את אברהם אבינו, ולהחזיר להם את השפע שהיו מקבלים מאברהם אבינו דרך לוט. וכן הוא כאן בתיקון המלכים, שנתקנו תחילה הבחינה העליונה שלהם, הרומזת **לארבעה אותיות** השורשיות דשם הוי"ה דב"ן, שהם בחינת רחמים, חג"ת. והבחינה התחתונה שלהם עדיין לא נתקנה, הרומזת לענפים, שהם **חמשה אותיות** המלוי דשם הוי"ה דב"ן, והם בחינת דין, נה"י, כי מלו"י בגימטריא אלהי"ם, שהוא דין. ולכן מרדו החמשה מלכים שהם הענפים, בארבעה המלכים שהם השורשים. לכן המלחמה הזאת דאמרפל וחבריו, היא סוד הדינים, שהם הנה"י, שרצו לעלות ולגבור על הרחמים, שהם חג"ת, ולהלביש אותם כדי לינוק מהם. עם כל זאת הרחמים כבשו את הדין, והנה"י התלבשו **בתוך** החג"ת.

ממשיך ומבאר הרב ז"ל כי[90] נה"י דא"א התלבשו **בתוך** החג"ת שלו. **צריך לידעת** כי יש דרושים שהרב ז"ל מבאר היפך מה שכתוב כאן, שהנה"י[91] דא"א עלו **והלבישו** את החג"ת דא"א. יש סוגיות שנה"י[92] דא"א **נתלבשו** בתוך חג"ת דא"א. וכן יש עוד בחינות של מי הלביש את מי, והם יתבארו ב"ה במקומם. **כבר ידוע** כי דרכו של הרב ז"ל היא **לא לבאר את כל הסוגיא במקום אחד**, אלא כל סוגיא וסוגיה מפוזרת לאורך ורוחב בספר עץ חיים, שמונה שערים ושאר ספרי הרב ז"ל. **גם**[93] **כאן** מבאר הרב ז"ל חלק אחד מהסוגיה האדירה, בעניין[94] ההולדה דזו"ן, ובשאר המקומות חלקים אחרים

בפרשת שמות, כי אלו הם יהושע וכלב ועיין שם. אבל עתה נבאר ענין נקודת האחור מה עניינה. **ואמנם הוא סוד גדול וראוי להעלימו**, הנה ידעת כי הקליפות נקראים צואה בלי מקום, כי מזונם והשפעתם מן המותר היוצא דרך נקודת האחור, ולכך הושם נקודה זו באחור, לפי שאינם יכולים לקבל מצד הפנים, כי אינם רואים פני שכינה - ולא יתיצבו הוללים לנגד עיניך. והנה זה הנקב של האחור נקרא בתורה בית פעור, וזהו סוד עבודה זרה של פעור, שעבודתה בכך לפעור עצמו על פניה כנודע, כי זו היא קבלת השפע שלה והבן זה. וזהו סוד ויקבור אותו בגי מול בית פעור, כי משה הוא מן היסוד דאבא שבתוך ז"א כנודע, והוא נמשך עד סיום פי היסוד דז"א, וכנגדו ממש היא נקודת האחור, שמשם אחיזת החיצונים הנקראים פעור, והארת היסוד הזה דאבא מונע את החיצונים שלא יתאחזו שם, ויקטרגו על ישראל ח"ו.
90

ע"ח שט"ז פ"א מ"ק דע"ח ע"ג – הקדמה בעניין הולדת או"א, וזו"ן, ומיוסדת על המ"ב זווגים הנזכר בספר הזוהר פרשת בראשית דט"ו. **דע** כי הלא כבר ביארנו בז"א שלוש בחינות, ובעיבור ראשון היה בסוד תלת כלילין בתלת. ואמנם עיבור זה היה על ידי **נה"י דא"א שנתעלו למעלה תוך חג"ת שלו**, ושם ביסוד עצמו דא"א, הוא שנזדווג עם העטרה שבו, ומשם יצא ז"א. נמצא כי הזווג היה בא"א עצמו.
91

ע"ח שי"ז פ"ב מ"ב דפ"ד ע"א – ואחר כך **הלבישו נצח הוד דא"א לחסד גבורה שלו עצמו**. וחצי תפארת התחתון שבו הלביש את חצי העליון, **והיסוד דא"א הלביש אחר כך את חצי תפארת תתאה שבו**, ועלתה העטרה אל יסוד שבו, **והלבישה** את היסוד עצמו שבו.
92

ע"ח שט"ז פ"ה מ"ק דפ"א ע"ב – ונחזור לענין, כי הנה סוד הזווג שני דא"א נעשה ביסוד שלו, הכולל ימין ושמאל, זכר ונקבה. ואמנם להיות מציאת הזו"ן תחתון למטה מאו"א, אם כן הוצרך שיעשה גם כן זווג זה על ידי או"א. לכן מה עשה, **אותן נה"י דא"א שהיו למטה מאו"א, נתעלו למעלה באו"א, בתוך חג"ת שלהם, ולא בחג"ת דא"א עצמו**, כי לא נתעלו בסוד מוחין דאו"א, רק נתעלו בחג"ת דאו"א, ואז היו שם **תלת כלילין בתלת**.
93

כרם שלמה ש"ט פ"ה אות ב' – כאן אומר הרב ז"ל שהההתקפלות של נה"י דא"א ודז"א, היתה הנה"י בתוך חג"ת. ולקמן בשער ז"א פרק ג']**אח**"י - נראה לעניות דעתי שצריך לגרוס **פרק ב'**[מבאר הסדר הם שם באורך, שהנה"י על גבי החג"ת ולא החג"ת על גבי הנה"י. אלא באמת לקמן בשער העיבורים מבאר כי שניהם נעשו, הנה"י בתוך החג"ת, והחג"ת בתוך בנה"י, ולכן הוצרך עיבור של י"ב חודש, יוע"ש. והענין הוא אחר שנעשה ההכנסה של הנה"י בתוך החג"ת כדי שיתמתקו הנה"י, ולא יתגברו על החג"ת, שהם רחמים, **אחר כך שהוא אחר שכבר נמתקו הנה"י**, אז אחר כך נעשה ההתקפלות הנזכרת לקמן בשער י"ז פרק ג']**אח**"י - נראה לעניות דעתי שצריך לגרוס **פרק ב'**[, **שנתקפלו הנה"י על גבי החג"ת**, בין דא"א, ובין דז"א,

ופשוט. כי הואיל ומצינו שהרב בהדיא כתב בשער העיבורים ששניהם היו, נה"י בתוך חג"ת, וחג"ת בתוך נה"י, כאן הזכיר הנה"י בתוך חג"ת, ולקמן בשער י"ז פרק ג' הזכיר החג"ת בתוך נה"י. צריך לומר העניין כמו שאמרנו כאן, ופשוט.
94

שער מאמרי רשב"י דנ"ח ע"ב – ועתה שים לבך והבן בדברים, דע כי שני עיבורים הם. אחד בראשונה בבחינת היות ז"א בסוד תלת כלילין בתלת, ואחר כך נולד, ועבר עליו זמן היניקה, ונמשך זה עד תשעה שנים ויום אחד כנודע. ואחר כך חזר שנית בעיבור שני, לקבל המוחין שלו כנזכר לעיל בדרושים שקדמו. והנה בתחילה נתעבר ז"א ונוקביה בעיבור ראשון, בבחינת החיצוניות שבו, בסוד תלת כלילין בתלת. ואחר כך היה בו זמן היניקה, ואחר כך היה בו בחינת העיבור השני, לצורך המוחין. וכל זה הוא לצורך בחינת החיצוניות דז"א ונוקביה. ואחר כך חזר כל העניין הזה להיות שנית, אחר כך, כי בתחילה נכנס ז"א ונוקביה בסוד עיבור ראשון, בסוד תלת כלילין בתלת, בבחינת הפנימיות שלהם. ואחר כך היה בהם זמן היניקה. ואחר כך היה בהם עיבור שני לצורך המוחין, וכל זה לבחינת הפנימיות שלהם. ועתה נבאר סדרן ונבאר החילוק שביניהם. ונתחיל מן החיצוניות אשר הוא קדם אל הפנימיות כנזכר לעיל. ונאמר כי הנה מצינו בגמרא דילן שלשה מיני עיבורים, עיבור של שבעה חדשים בלבד, בעניין עיבור של משה רבינו ע"ה, ועיבור של תשעה חדשים, כמנהג רוב העולם. ועיבור של שנים עשר חודש, כנזכר בתלמוד - בההוא עובדא דאשתהי תריסר ירחי, ואכשר רבה תוספאה. והנה בבחינת החיצוניות שימשו שני העיבורים, שהם של תשעה חדשים, ושל שנים עשר חדשים, וכמו שנבאר. הנה בגמרא אמרו ששאל טורנוסרופוס הרשע את רבי עקיבא - איזה מעשים נאים, של הקדוש ברוך הוא או של בשר ודם כו'. וכוונתו היתה לשאול ממנו, למה לא נברא האדם מהול על ידי מעשיו יתברך, ולא יצטרך להמול על ידי בשר ודם. ואז הביא לו ראיה מן הגלוסקאות, שהקדוש ברוך הוא בורא חטים, והאדם עושה מהם גלוסקאות הנאות. והרי כי יש דברים נתקנים על ידי בשר ודם, ולא נתקנו על ידי הבורא יתברך. והנה גם בזה היה דומה לזה, **כי העיבור הראשון דתלת כלילן תלת היה מבחינת א"א**, מנה"י שלו, ומהזיווג אשר בו עצמו, נעשו תלת כלילין בתלת. **אבל העיבור השני שלצורך המוחין, היה מן או"א עצמו.** ואין לתמוה אם השש קצוות תחתונים היו מא"א, והמוחין עליונים היו מן או"א, כי הרי נתבאר בזה המעשה של טורנוסרופוס כי יש דברים נתקנים על ידי התחתונים, ואינם נתקנים על ידי עליונים. ונבאר עניין העיבור הראשון הזה, הנה נתבאר כי אין בא"א רק תשעה ספירות בלבד, ולא נזכר בו בחינת המלכות, ואמנם היסוד שבו הוא כלול בסוד זכר ונקבה, כדמיון התמר הכולל זכר ונקבה, וזהו סוד - צדיק כתמר יפרח. ובזה יובן גם כן סיבה שנית אל צורך העיבור הזה, והוא כי הוצרך א"א להעלות נה"י שבו בחג"ת, המלובשים תוך אבא ואימא כנזכר לעיל, נצח באבא, והוד באימא, והיסוד בדעת, שהוא היסוד של או"א, חציו כאן וחציו כאן. ואז על ידי התלבשות א"א נה"י שבו, באבא ואימא, אשר הם זכר ונקבה ממש, **אז היסוד דא"א נזדווג מיניה וביה על ידי אבא ואימא, ואז האציל את ז"א, בסוד תלת כלילין בתלת, ונוקביה בסוד פסיעה לבר כנודע.** ונמצא כי עיקר העיבור הזה הוא בא"א אלא שהיה על ידי התלבשו באו"א. והנה זה העיבור הראשון היה בהמשך שנים עשר חדש. וזהו סוד מה שכתוב במאמר קו המדה של הזוהר מכתיבת יד, כי הנטיעות אשתהו תמן תריסר ירחי כו'. וסוד העניין הוא, כמו שביארנו לעיל, כי זיווג או"א הוא על ידי המזל השמיני דדיקנא דא"א, כי ממנו נשפע אבא. ומזל הי"ג נשפע לאימא. וכבר ביארנו כי המזל השמיני הזה הוא סוד שלשה הווי"ת במילוי יודי"ן, אשר יש בהם י"ב יודי"ן, ולכן היו שם י"ב חודש, כדי לקבל מאלו הי"ב יודי"ן. עוד טעם אחר, לפי כי הנה היו עתה שלשה בחינות, ובאלו השלשה היו שלשה אחרים כלולים בהם, והמלכות היתה רביעית, כלולה בהם. נמצא כי מקודם הם שלשה ואחר כך השלשה האחרים, עם המלכות שהוא רביעית, הרי הם ארבעה כלולים בשלשה, וצריך שבכל אחד מן השלשה הראשונים, יהיה נכלל כל הארבעה האחרים. ונמצא שהם שלשה פעמים ארבע, שהם י"ב. ועוד בדרך אחרת כי צריך שהמלכות תהיה כלולה מכל השלשה האחרות, ושאחר כך כל אחת מן השלושה אחרות תהיה כלולה בשלשה ראשונות, הרי הם י"ב. וכל זה הוא בערך ז"א ונוקביה, שהוא תלת כלילין בתלת, ונוקביה רביעית אליו. אבל בבחינת א"א הוא גם כן כך, כי הנה נה"י שלו הם תלתא ונכללו בחג"ת שלו אשר באו"א, הרי הוא כללות אחד הכולל ששה. עוד כללות שני והוא כי גם החג"ת שלו נכללו בנה"י שלו, הרי הוא כללות שני הכולל ששה, והרי הם י"ב. כי כמו שצריכין הנה"י ליכלל מן חג"ת, כן חג"ת צריכין ליכלל מן נה"י, וכנגדם נשתהא י"ב חודש. גם הטעם הזה עצמו הוא בז"א, כי כמו שכללות נה"י דא"א בחג"ת שבו, וחג"ת שבו בנה"י שבו, הם י"ב, וכנגדם נשתהה י"ב

מסוגיה זאת. וכללות[95] דבריו הם, כאן בפרקין היו צריכים הנה"י שהם גבורות להתמתק, לכן החג"ת שהם רחמים **הלבישו** את הנה"י, ולקמן מבואר שהנה"י **הלבישו** את החג"ת, זה היה אחרי שהנה"י הומתקו. ולכן בתחילה החג"ת

חודש. עוד נפרש טעם שני אל אשר הוצרך א"א לכלול נה"י שבו בחג"ת שבו אשר באו"א, והטעם הוא במה שמבואר לעיל, כי בתחילה היו שש קצוות דז"א בסוד רשות הרבים, נפרדין זה מזה, ועתה רצה לחבר ולקשרם בבחינת פרצוף אחד מיוחד, ולכן הוצרכו נה"י דאריך להכלל בחג"ת שלו עצמו, ויהיו גם הם ששה כדי לכלול גם את שש קצוות דז"א, שיהיו גם הם בסוד תלת כלילין בתלת. **ואחר כך נולדו ז"א ונוקביה** ויצאו לחוץ, ואז היה זמן היניקה הבאה אחר עיבור ראשון הנזכר, ואז על ידי היניקה, אותם השש קצוות שהיו כלילין תלת בתלת בסוד העיבור, נתפשטו עתה והיו בסוד שש קצוות ממש, אלא שנתחברו והיו בבחינת פרצוף אחד, מקושרים כולם יחד, ועם היות כי ענין היניקה היא אמצעית בין שתי העיבורים, ואין בה בחינת עיבור, עם כל זאת נרמז בה גם כן בחינת עיבור, והוא באופן זה, כי הנה היניקה הזו היא מן הדדים של אימא, הנקראים שדים. וסודם הם שם שד"י, וכבר ביארנו כי שם שד"י הוא בחינת שם ההוי"ה, שהפשוט שלה הוא בגמטריא כ"ו, ועם הע"ב שנעשה ממנו, ועם הרי"ו שנעשה ממנו, הרי כ"ו וע"ב ורי"ו הם בגמטריא שד"י. והם בסוד שלשה הקוים. כ"ו בסוד התפארת, שהיא ההוי"ה עצמה. וע"ב בסוד החסד, שעולה בגימטריא ע"ב. ורי"ו בסוד הגבורה, שהוא בגימטריא רי"ו. ומבחינת אלו השדים, הנקראים שד"י ינקו אלו השש קצוות דז"א, באופן זה כי חג"ת שבו הם סוד שד"י הנזכר. וכן הנה"י שלו ינקו משם, ונעשו בחינת כ"ו וע"ב ורי"ו אחרים כנודע. כי גם בנצח הוד יסוד יש סוד כ"ו ע"ב רי"ו, כמו שיש בחג"ת, אלא ההפרש הוא כי הנה תיבת שד"י נזכרה בפסוק בשני פנים. האחת ברפה והוא - **בֵּין שָׁדַ"י יָלִין**. והשני בדגש והוא **וְאֵ"ל שַׁדַ"י יִתֵּן לָכֶם רַחֲמִים**. והנה בחג"ת הוא שם שד"י ברפה, לשון שדים כי שם מקום הדדים, ועוד כי שם הוא רחמים. אבל נה"י הם דין, ולכן שם הוא שם שד"י בדגש, המורה על דין. והרי איך גם בינוקה יש בה סוד עיבור, שהוא סוד ע"ב רי"ו הנזכרים, שהם אותיות עיבור, וזמן היניקה הזה נמשך עד תשעה שנים ויום אחד כנזכר לעיל. ואחר כך נכנסו בו ארבעה המוחין, בארבעה שנים אחרים, ונשלמו בו י"ג שנים ויום אחד, ואז הוא איש גמור כנזכר לעיל.

95

ע"ח ח"ב שכ"ח פ"א מ"ת די"ח ע"ג – ונבאר עתה סדרי העיבורים..... ונתחיל מן הראשון, ונאמר כי הנה עיבור ראשון היה בבחינת א"א עצמו, בבחינת נה"י שבו, ומן הזווג שבו עצמו, נעשה ו"ק הז"א בבחינת תלת כלילין בתלת, ועיין שם..... ואז **נתעלו נה"י שלו בחג"ת שלו**, אשר שם מעמד ומצב או"א כנודע, כי אבא מלביש חסד וחצי תפארת הימין, ואימא מלבשת גבורה וחצי תפארת השמאל, **ועלה הנצח דא"א בחסד שלו**, אשר שם אבא. ועלה **הוד דא"א בגבורה**, אשר שם אימא. **ועלה היסוד דא"א בתפארת**, אשר שם בחינת הדעת..... ואז על ידי התלבשות נה"י, שלו תוך או"א עצמם, אשר הם זכר ונקבה ממש, שמעתה אז על ידי יסוד דאריך אנפין, הכלול מזכר ונקבה, מיניה וביה, ואז הוציא את החיצוניות ו"ק דז"א, תלת כלילין בתלת, ואת הנוקבא בסוד פסיעה לבר כמבואר אצלינו, ועיין לעיל היטב...... עוד יש טעם אחר, והוא כבר נתבאר לעיל כי ז"א היה בבחינת רשות הרבים, ו"ק נפרדין זה מזה, ותיקונו הוא לקשרו בסוד פרצוף אחד מיוחד, לעשות ב"א ונקרא(רשות היחיד. לכן הוצרכו גם **נה"י דא"א להכלל בחג"ת שלו עצמו**, ויהיו אז ו"ק דא"א כלולין תלת גו תלת, כדי לכלול גם את ז"א, שהוא ו"ק, בבחינת תלת גו תלת, ויתקשרו יחד. והנה העיבור זה היה זמנו י"ב חודש. וטעם הדבר הוא לסיבת א"א עצמו, כי הנה היו **נה"י שלו נכללין בחג"ת של או"א**, הרי הם כללות של ששה. וגם יש כללות **הנה"י שלו שנכללו בחג"ת שלו עצמן**, הרי הם כללות של ששה אחרים, והרי הם י"ב. ועוד טעם שני בענין א"א עצמו, כי הנה כמו **שנכללו נה"י בחג"ת**, והם ששה, מתתא לעילא, גם נכללו מעילא לתתא **חג"ת מן הנה"י**, ששה, והרי הם י"ב. עוד טעם שלישי, כי הנה זווג זה הוא דא"א, אלא שהיו בהתלבשותו בגו אבא ואימא, והנה זווג או"א עיקרו הוא מן המזל השמיני דדיקנא דא"א, כמבואר אצלינו שאבא יונק מן השמיני, ואימא מן הי"ג, וגם נתבאר כי מזל השמיני הוא שלוש שמות של מילוי יודי"ן, ונמצא שיש בו י"ב יודי"ן, וכדי לקבל שפע מאלו י"ב הוצרכו להתעכב שם י"ב חודש. גם טעם רביעי בענין זו"ן עצמם, והוא כי גם בז"א עצמו נכללו **נה"י שלו בחג"ת שלו**, הרי ששה. וכן **חג"ת שלו נכללו בנה"י שלו**, הרי ששה אחרים, נמצא שהם י"ב בחינות.

שער מאמרי רשב"י, אדרא רבא דמ"ו ע"א – אבל כבר ביארתי לך דרוש ענין ז"א ונוקבא, איך הולכים וגדלים מקטנותם ועד גדלותם, ושם ביארנו כי כאשר נולד הז"א, כאשר היה בסוד עיבור במעי אימיה, יצא אז

הלבישו את הנה"י, ואחר כך הנה"י הלבישו את החג"ת. ולהבין את סוף פרק זה, עיין טוב טוב בהקדמה לפרקין את סוד עשרה הרוגי מלכות, שהעתקנו משער ההקדמות.

⁹⁶וּלְכֵן ⁹⁷עַתָּה אֲסָפָם פרצוף⁹⁸ אֲ"אַ עַצְמוֹ, לַנְה"י שלו, וְהִכְנִיסָם לְתוֹךְ חֲגָ"ת שֶׁלוֹ,

וְאָז על ידי זה [דמ"ה ע"ב 89] נִמְתְּקוּ הַדִּינִין שהם הנה"י דא"א תּוֹךְ הָרַחֲמִים שהם החג"ת דא"א.
וְלָכֵן אָז יָצָא זוּ"ן גַּם כֵּן בְּסוֹד עִבּוּר, בִּבְחִינַת תְּלַת כְּלִילִין בִּתְלַת, וְאַזֵּר⁹⁹

מבחינת שש קצוות בלבד, בלי שלשה ראשונות, וזו היא סוד אות ו' שבתוך אות ה' ראשונה דשמא קדישא, שאין לה ראש. והנה בסוף זו הו' יצתה המלכות כדמיון נקודה אחת בסוף הוי"ו, והוא סוד הנרמז אצלנו בפרשת בלק דף ר"ג ע"ב בסוד - אשורנו ולא עתה, אושיט פסיעה לבר. כי המלכות יצתה בדמיון פסיעה, ונקודה קטנה תחת אות הוי"ו, בולטת קצת לחוץ. ואז עמדה המלכות תחת היסוד בסיום הוא"ו.
96

יפה שעה)ג(– לכן עתה אספם א"א עצמו לנה"י שלו, והכניסם תוך חג"ת שלו, ואז נמתקו הדינים תוך הרחמים כו'. לפי פשט דברי רז"ל, נראה, שהנה"י נכנסו תוך החג"ת, ולפי זה נמצא שהחג"ת הלביש על נה"י, ואין האמת כן, אלא שהנה"י הלביש על חג"ת, כמו שכתב רז"ל בכמה מקומות, ועיין בשער זו"ן פרק ב'. אלא כוונת רז"ל בכאן להודיענו, שנכללו נה"י שלו בתוך או"א, שאו"א נקרא חג"ת שלו, יען מלבישים חג"ת שלו, ועיין מה שכתב רז"ל בשער העיבורים פרק ב', יעש"ב. ובמה שכתבה רז"ל בשער הולדת או"א וז"ה פרק ה' ז"ל - לכן מה עשה, אותם נה"י דא"א שהיו למטה מאבא ואימא, נתעלו למעלה באבא ואימא, בתוך החג"ת שלהם, ולא בחג"ת דאריך אנפין עצמו, כי לא נתעלו בסוד מוחין דאו"א, רק נתעלו בחג"ת דאו"א, יע"ש. והוא מה שכתב רז"ל בפרקין, והכניסם תוך החג"ת שלו, ר"ל או"א הנקראים חג"ת שלו.
97

בית לחם יהודה ש"ט פ"ה דל"א ע"א – ולכן עתה אספם א"א עצמו לנה"י שלו, והכניסם לתוך חג"ת שלו. והטעם כדי שעל ידי כך יכנסו גם הנה"י דז"א, תוך החג"ת דז"א עצמו, ויתבטלו הדינים שבהם, היפך ממה שהיה בזמן המלכים שרצו הנה"י להלביש על החג"ת דמלכים. ויש בזה סוגיות הפוכות בין בבחינת חג"ת ונה"י דא"א, ובין בבחינת חג"ת ונה"י דז"א, כי הכא כתב דנה"י דא"א נתלבשו תוך החג"ת שלו. וכך כתב בריש פרק א' ובפרק ג' דשער ט"ז. אמנם בפרק י"ז דשער ט' כתב דחג"ת דא"א נתלבשו תוך נה"י שלו. ובפרק ה' דשער ט' כתב דנה"י דא"א נתלבשו תוך חג"ת דאו"א, ולא תוך חג"ת שלו. ובפרק ל"ח דשער ב' כתב שחג"ת דא"א נתלבשו תוך נה"י שלו, וגם נה"י שלו נתלבשו תוך חג"ת שלו, יע"ש. וכיוצא בזה יש שתי הפכיות בא"א דעולם היצירה, כמו שמבואר בדברינו בסוף פרק י"ד דשער מ"ב ד"ה ד"ה - אין להם רק בחינת תלת כלילין בתלת לבד יעו"ש. וכן בענין חג"ת ונה"י דז"א, דהכא כתב דנה"י דז"א נתלבשו תוך חג"ת דז"א, וכך כתב בפרק ג' דשער ט"ז ובסוף פרק ו' דשער י"ח, מ"ק דפרק א' דשער כ"ט, ובשער הקדמות דף ט"ל ע"א. אמנם בפרק ב' דשער י"ז ובסוף פרק א' דשער כ"ד, ובפרק י"א דשער ל', ובריש פרק ד' דשער ל"ד כתב שחג"ת דא"א נתלבשו תוך הנה"י דז"א יעו"ש. ועיין בדברי שלום דף ט' ע"ד שאלה כ"א ובהנדפס מחדש היא שאלה ע"ז, שתירץ על ההפכיות האמורים בז"א, כי מה שכתב רז"ל דנה"י דז"א נכנסו תוך חג"ת דז"א, הוא בפרצוף החיצון דז"א, כמו שכתב בפרק ו' דשער י"ח. ומה שכתב שחג"ת דז"א נתלבשו תוך הנה"י דז"א, הוא בפרצוף האמצעי, כמו שכתוב בפרק א' דשער ל' עד כאן לשונו. וכן נראה קצת מהגהות השמ"ש ז"ל ריש מ"ק דפרק א' דשער כ"ט. ועיין עוד בסוף פרק ו' דשער י"ח ד"ה - שהם נה"י, ויש לעמוד על דבריו כי הוא היפך ממה שכתב רז"ל בסוף פרק א' דשער כ"ד יעו"ש, ואם יזור ה' כשנגיע לשם נתחכם להם.
98

כרם שלמה ש"ט פ"ה אות ב' – ומה שכתב כאן, ולכן עתה אספם א"א לעצמו, לנה"י לעצמו, והכניסם לתוך חג"ת שלו, ואז נמתקו הדינין תוך הרחמים. מדבר על הדין והרחמים של א"א עצמו, שהנה"י שלו הם דינין לגבי החג"ת. ואף על פי שא"א כולו רחמים, הוא בענין הניצוצות שלו השייכים לו, שהיו מתפזרים בתוך השבעה מלכים, ואספם אליו כמו שיבאר לקמן בסמוך.
99

40

שחג"ת דא"א המתיקו את הנה"י דא"א, **יצאו נה"י דא"א לחוץ** מתוך החג"ת דא"א ממותקים, כי[100] אין הדין נמתק אלא בשורשו, **יצאו מתוקנים,** והתפשטו[101] הנה"י דא"א מתחת לחג"ת דא"א, **ונתגלו אז כל הו"ק** דא"א[102], ולכן יצא[103] **גם ז"א** ממעי[104] התבונה, בסוד מוחין דיניקה **בבזיונת ו"ק מתפשטין ומומתקין** נה"י דז"א מתחת חג"ת דז"א.

הרב ז"ל ביאר לעיל[105] כי רק השבעה מלכים התחתונים שהם פרצופי זו"ן, נשברו וירדו לעולמות בי"ע, ואחורי הנה"י דכתר, שהוא פרצוף א"א נפגם, ואחורי פרצופי או"א התבטלו, עם כל זאת הם נשארו בגבול עולם האצילות. **כאן** מבאר הרב ז"ל כי גם חלקים דא"א ואו"א נפלו לבי"ע. והענין[106] הוא כי חלקים אלו דעתיק יומין, וא"א, ואו"א, וישסו"ת

בית לחם יהודה שי"ט פ"ה דל"א ע"א – ואחר שיצאו נה"י לחוץ יצאו מתוקנים. פירוש, שנמתקו הדינים שלהם, כמו שמבואר קודם לזה.
100

ע"ח שי"ג פי"א מ"ב דס"ז ע"א – וכבר ידעת כי מציאת הדיקנא כולו דנין, ועל ידו אתכפין דינין דלתתא, כי **אין הדין נמתק אלא בשרשו.**
101

כרם שלמה שי"ט פ"ה אות ב' – ואחר שחזר והפשיט הא"י שלו תחת תחת החג"ת, ונהיו בו"י, זה למטה מזה בסדר קוין, אז גם הז"א מה שהיה תלת כלילן בתלת חזר ונתפשט, ונעשה בעל ו"ק בסדר קוין, דוגמת א"א.
102

תרשים ה – ה.
103

כרם שלמה שי"ט פ"ה אות ב' – והיציאה של ז"א הנזכרת כאן היא מן התבונה, ולא מן א"א. כי אחר שנתעבר ז"א באימא, על ידי התכללות נה"י דא"א, אז אחר כך יצא ממעי התבונה בבחינת ו"ק.
104

ע"ח שט"ז פ"ג מ"ק דע"ט ע"ד – אמנם מן הראוי היה שימשכו כל התשע ספירות דז"א מאלו השלוש נה"י דא"א, רק לפי שגם נה"י של א"א הם כלולים בשלוש אחרים, שהם חג"ת דא"א, והיו ששה, שהם כלולים תלת גו תלת דא"א. לכן גם הז"א יצא כדוגמא דא"א, תלת גו תלת, ו"ק לבדם. **וכל זה נעשה במעי התבונה, כי שם הוא סוד הזווג.** והענין, כי נתלבשו חו"ב עלאין בישראל סבא ותבונה, ונכללו)שם(בתוכם החג"ת ונה"י של א"א, ושם היה העיבור דז"א. והטעם, כי בינה התפשטותה עד החזה, והתבונה מן החזה ולמטה, והנה מקום בית הריון האישה, והרחם שלה, הוא למטה מהחזה, ששם מקום התבונה. הרי מבואר **איך ההריון הזה הוא בתבונה, לכן היא נקראת אם הבנים.**
105

ע"ח שי"ט פ"ב מ"ת דמ"א ע"א – והענין כי מן האדרא זוטא נראה שלא ירדו רק השבעה מלכים בלבד, וממדרשים אחרים בספר הזוהר משמע כי גם באו"א יש ביטול ופגם, וכמעט אפילו בכתר. ואמנם הענין הוא כי ודאי שמכל עשרה נקודות נפלו מהם בחינות, ובכולם היה ביטול. רק זו"ן נפלו כולם בין בבחינת היותן אחור באחור, ובין בבחינת היותן פנים בפנים, **והנה זו נקרא מיתה,** כי הכל ירד לגמרי. אבל אבא ואימא שלא ירד מהם רק בחינת אחוריים, **יקרא ביטול ולא מיתה.** וכתר שלא נפלו ממנו רק בחינת נצח הוד יסוד שלו, שנכנסו בסוד מוחין דאבא ואימא כנזכר לעיל, אשר אין זו בחינה זו נכנסה אפילו בערך אחוריים, לכן לא נקרא ביטול בכתר רק בחינת **פגם בעלמא.** עוד יש טעם אחר והוא כי אינו נקרא מיתה, רק מי שהולך מעולם לעולם, ונבדל מעולמו. ולכן שבעה מלכים שהיו באצילות **וירדו אל הבריאה,** יקרא מיתה ממש, כמו שכתוב באדרא קל"א - לא תימא דמיתו, אלא כל מאן דנחית מדרגא קדמאה דהוי, ביה קרי ביה מיתה, כמו שכתוב וימת מלך מצרים. אמנם אחורי או"א אף על פי שנפלו, **לא ירדו בבריאה,** אלא נשארו בעולם האצילות עצמו, לכן להיותן שלא במקומן, יקרא ביטול אבל לא יקרא מיתה.
106

נתלבשו תוך זו"ן בסוד[107] המוחין[108], כנזכר[109] בשער הכוונות, ובסידור[110] הטהור למרן הרש"ש בברכת מחיה המתים. והוא[111] כי כל בחינה תחתונה כלול בה כח של הבחינה העליונה, והבחינה[112] העליונה **מאירה** לבחינה התחתונה. וכאשר

ע"ח שי"א פ"ט דנ"ה ע"ג – ז"א היה בו תחלה בימי המלכים ו"ק, **ובתוכם מוחין דנפש דנה"י דאימא, החיצונות כשנולד קודם התיקון**, ואחר כך נשברו ונפרדו, והאורות דנה"י עלו למעלה, וו"ק הכלים ירדו למטה בבריאה.

ע"ח ח"ב של"ד פ"ב כלל ט' דמ"ו ע"ג – וזה סוד וכל בשליש עפר הארץ, שהוא הכלי של המלכות הנקרא עפר הארץ, מדדו המאציל כשיעור העטרה, שהוא שליש היסוד. ופסוק זה **נאמר בין בבחינה הראשונה של המלכות הנקרא ארץ**, בזמן המלכים שמלכו **בארץ אדום, שהיתה היא עצמה עטרה כנזכר לעיל, ובין בזמן התיקון שנפרדה המלכות פרצוף בפני עצמה** כמו שכתוב, אז נשארה העטרה דבוקה שם ביסוד, ועליה נאמר וכל בשליש עפר הארץ. והנה הסבה שמתחלה יצאה המלכות תחת בחינת עטרה ולא במקום אחר, וגם למה היתה דבוקה שם, הטעם הוא כי נודע **כי לעולם אפילו קודם התיקון דנה"י דאימא היו נכנסין תוך גופא דז"א, על דרך שאר הזמנים**. והנה נצח הוד הם סתומים, אך היסוד הוא פתוח תוך ז"א, **והוא בקו האמצעי**, וויוצאין אז האורות דרך היסוד, ומתקנים שם את המלכות. על כן יש לה שורש שם בסוד העטרה, **וזכור טעם זה לכל הזמנים**, ולכל המדרגות, שלעולם המלכות אין דיבוקה והתחלת יציאתה **אלא בקו האמצעי**, נגד היסוד, או נגד התפארת, או נגד הדעת וכיוצא, וכמו שנתבאר בע"ה.

ע"ח ח"ב של"ד פ"ב כלל ט' מ"ב דמ"ו ע"ד – הטעם הוא, כי נודע כי לעולם אפילו קודם תיקון דנה"י דאימא היו נכנסין תוך גופא דז"א, על דרך שאר הזמנים.
107

רחובות הנהר ד"ט ע"ב – המשל בזה, כי הבירורים דז"א שנתברר ועלו על ידי ישראל ליסו"ת לתקנם, **נמשכים לז"א בבחינת מוחין**, מלובשים בצלם הנמשך מהמוחין דישסו"ת. והמוחין ההם דישסו"ת, נעשו מהבירורורים שלהם עצמם דישסו"ת, שנתבררו ועלו על ידי ז"א לאו"א עילאין לתקנם, ואחר שתיקונום או"א עילאין, המשיכו אותם בבחינת מוחין, מלובשים בצלם הנמשך מהמוחין דאו"א עילאין. והמוחין עצמם דאו"א עילאין, נעשו מהבירורורין שלהם עצמם דאו"א עילאין, שנתבררו ועלו על ידי ישסו"ת לא"א עילאין לתקנם, ואחר שנתתקנו המשיכם א"א לאו"א עילאין, בבחינת מוחין מלובשים בצלם הנמשך מהמוחין דא"א. והמוחין עצמם דא"א, הם מהבירורורים שלו שנתבררו על ידי או"א עילאין ועלו לעתיק לתקנם, והעתיק המשיכם לא"א בבחינת מוחין, מלובשים בצלם הנמשך מהמוחין שלו. והמוחין שלו הם מהבירורורים שלו, שנתבררו ועלו על ידי א"א לא"ק לתקנם, והוא לעתיק דא"ק. וכנזכר לעיל. כי עיקר תיקון בירורי ששה פרצופי האצילות הוא על ידי ששה פרצופי א"ק. והעתיק דא"ק המשיכם לעתיק דאצילות, בבחינת מוחין מלובשים בצלם, הנמשך מהמוחין שלו. **נמצא כי נרנח"י דכל פרצוף, באים לו מלובשים תוך המוחין דכל הפרצופים העליונים ממנו**. באופן כי נרנח"י דז"א דאצילות, נמשכים לו **מלובשים במוחין** המלובשים בצלם, הנמשך ממוחין דישסו"ת, אשר המוחין ההם דישסו"ת מלובשים בצלם, הנמשך ממוחין דאו"א עילאין, אשר המוחין ההם דאו"א מלובשים בצלם, הנמשך ממוחין דאריך אנפין, אשר המוחין ההם דאריך אנפין, מלובשים בצלם הנמשך ממוחין דעתיק, אשר המוחין ההם דעתיק דאצילות, מלובשים בצלם הנמשך ממוחין דעתיק דא"ק, שבתוכו מלובש קו אור הא"ס, **ודי למבין, והבן זה היטב מאד**.
108

תרשים ה – ו.
109

שער הכוונות, דרושי העמידה, דרוש ה' דל"ה ע"ב – גם תכוין בברכה זו כי הנה נזכר בברכה זו ענין תחיית המתים חמשה פעמים. והענין הוא בשני בחינות האחד היא כמו שביארנו במקום אחר, **כי כל העולם הוא מבחינת הבירורין של שבעה מלכי אדום שמתו**, ואחר כך אתבסמו, וכל פרצופי זו"ן נתקנו ועמדו, על ידי מה שמתלקטים ומעלים מן בירור אלו השבעה מלכים, ובכל יום ויום, ובכל תפלה ותפלה, מתבררים ניצוצות חדשים משונות זו מזו, כמבואר באורך בדרוש התפילין. ונודע כי חמשה פרצופין יש בעולם האצילות, שהם א"א, ואו"א, וזו"ן, **וכנגדם יש חמשה בחינות של אחוריים שנפלו בקליפה, ומהן אנו מבררין כל הבירורין**, וכנגדם הוזכרו חמשה פעמים תחיית המתין בברכה הזו.
110

תרשים ה – ז.

הבחינה התחתונה, שהם שבעה המלכים דמיתו, ירדו לבי"ע, בהכרח שירדו עמהם חלקים דעתיק יומין, א"א, או"א, ישסו"ת, וזו"ן שצריכים[113] להתברר, כך שכל עולמות אבי"ע צרכים בירור משבעה המלכים דמיתו. ולבירור ועליית הניצוצין הללו המאציל קבע זמן קצב של ששה אלפי שנים, והם עולים ומתבררים בכל יום ויום. **דע** אפילו שהרב ז"ל מבאר ברורי חלקי הנצוצין דא"א ולמטה, עם כל זאת גם[114] חלקי הנצוצין דפרצוף עתיק יומין, מתבררים ועולים למקומם.

וְהִנֵּה[115] פרצוף[116] **א"א אָסַף אֵלָיו הַנִּיצוֹצִין שֶׁל זַכְלְקוּ** שהם המוחין שלו, שהתלבשו בזו"ן לפני שבירת הכלים, **שֶׁהָיוּ בְסוֹד[117] אוֹתָן שִׁבְעָה מְלָכִים שֶׁמֵתוּ. וְכֵן עָשׂוּ** בפרצופי או"א

111

ע"ח שי"א פ"א מ"ק ד' נ ע"ד – הנה השבעה נקודות הנשארים מן העשרה נקודות הראשונים, **הם סוד א"א, או"א, זו"ן**, כמו שנבאר בע"ה. והענין כי בג"ר אין בהם רק בחינת עתיק יומין לבד, אך מהשבעה ולמטה, **שם יש כח א"א ואו"א וזו"ן, הכל מעורבין יחד**, וכולל ביחד בכל נקודה מהשבעה, וגם כח העתיק יומין מעורב בהם. **כי כל דבר תחתון, יש בו כח עליון, בהכרח המתפשט בו**, ואמנם עתיק יורד בכולם, ומתפשט ומתערב בהם, אך כח התחתונים אינו מוכרח שיהיה בעליונים, לכן הג"ר אין בהם רק סוד עתיק לבד. והנה על דרך זה הוא בשבעה כלים תחתונים, כי יש בהם בחינת כלים דעתיק, א"א, או"א, זו"ן, **והכל מעורב ביחד.**

112

ע"ח ש"ח פ"ב מ"ת דל"ו ע"א – והמשכיל יבין וידמה מלתא למלתא, איך בכל אצילות בחינת חצי תפארת ונה"י תמיד, **המאירין בעולם שלמטה**, כי נה"י דז"א מאיר אל הנוקבא, ונה"י דאו"א מאיר אל הז"א, ונה"י דאו"א לאו"א, ונה"י דעתיק לא"א, ונה"י דא"ק לעתיק, **ולכל בחינת האצילות** כמו שנבאר בע"ה.

113

רחובות הנהר ד"ב ע"ב – וזה שביארנו **כי אפילו פרצוף עתיק, וא"א, ואו"א, וישסו"ת, נתקנו ונעשו מבירורי השבעה מלכים**, מפורש בהדיא במבוא שערים ש"ה ח"ב פ"א, כי עתיק, וא"א, ואו"א, וזו"ן דאצילות, וכן דבי"ע, נבררו ונתקנו בעת התיקון מבירורי השבעה מלכים. וז"ל - והענין, דע כי באלו השבעה מלכים יש בהם כל בחינות אבי"ע כנזכר לעיל. ויש בהם חלקים הראויים לעשות מהם אצילות, וחלקים שאינם ראויים להעשות מהם אצילות, רק בריאה, וכן על דרך זה יצירה ועשיה. **וכל זה בדרך כלל**, כי **גם הוא על דרך זה בפרטות**, כי יש חלקים ראוים לאריך, ויש לאבא, ויש לאימא, ויש לז"א, ויש לנוקבא. ובתחלה נתבררו החלקים שיש לאריך בשבעה מלכים, וכל השאר נקראו סיגים אצלו, כי אינם מערכו. אמנם כל מה שהיה לאריך בהם, הכל נתברר בעת האצילות א"א, ולקחו. ומהסיגים הנשארים חזרו להתברר, ואז מהחלקים שיש לאו"א, בהם נעשו בחינת או"א, והשאר שלא היה עוד בהם חלקי או"א, נשארו בסוד סיגים. ומהם חזרו להתברר במעי אימא, ומהחלקים אשר לזו"ן, בהם נעשו זו"ן של אצילות. ואז כל הנשאר נקרא סיגים בערך עולם האצילות, וכל בחינות אלו יוצאות בסוד דם הלידה. ואמנם עדיין יש בהם קדושה, שהם בחינת העולמות של בי"ע, ולכן חוזרים ומתבררים בסוד עיבור בתוך הנקבה של ז"א. ומהמובחר שבו נעשה א"א דעולם הבריאה, וכל השאר יוצא מנוקבא דז"א בסוד דם לידה, ונקרא סיגים בערך דבריאה. וכן כיוצא בזה עד תשלום עולם העשיה, הרי מבואר מבוא שערים.

114

ע"ח ח"ב שט"ל דרוש ד' מ"ב דס"ח ע"ג – ונחזור לענין ראשון, כי הנה בדוגמת מה שנתבאר בענין ארבע עולמות אבי"ע בכללות, כן הדבר בכל עולם ועולם. ונתחיל בעולם אצילות, ונאמר כי הנה היותר משובח מכל בירורי האצילות, שהוברר משבעה מלכים כנזכרים לעיל, הנה אז הוברר ועלה בעתיק, והגרוע ממנו בא"א, והגרוע באו"א, והגרוע בזו"ן. וכן על דרך זה בעשר ספירות עצמן, שיש בכל פרצוף ופרצוף. וכן על דרך זה בפרטי פרטים, והדברים מובנים.

115

בית לחם יהודה ש"ט פ"ה דל"א ע"א – והנה א"א אסף אליו הניצוצין של חלקו שהיו בסוד אותן השבעה מלכים שמתו. כי אורות הנקודים היו מעורבין זה בזה, במבואר בשער הקדמות דף י"ד ע"ז, בריש דרוש ב' דנקודים וז"ל - ונבאר תיקון א"א, כבר נתבאר למעלה כי באותן השבעה מלכים התחתונים שמתו, היה מעורב בהם בחינת עתיק, וא"א, ואו"א, וזו"ן, בכל כלי מהם. וכן בענין שבעה אורותיהם שנשארו למעלה בעולם

עילאין שאספו אליהם את הניצוצין השייכים לחלקם, שהם המוחין שלהם, שנתלבשו בזו"ן לפני שבירת הכלים, מאותן שבעה מלכים דמיתו. וכן עשו פרצופי ישסו"ת שאספו אליהם את הניצוצין השייכים לחלקם, שהם המוחין שלהם, שנתלבשו בזו"ן לפני שבירת הכלים, מאותן שבעה מלכים דמיתו. **וכן עשו** פרצופי **זו"ן** שאספו אליהם את הניצוצין השייכים לחלקם, מאותן שבעה מלכים דמיתו.

ועוד[118] **צריך לדעת** כי בכל בחינה ובחינה מבחינות אבי"ע היתה שבירה בכלל ובפרט, ואפילו[119] שכותב הרב ז"ל כי הכלים נפלו למקום שעתיד להיות עולמות בי"ע[120], כלי פנימי דשבעה תחתונות לבריאה, כלי אמצעי ליצירה, וכלי חיצון

האצילות, היה מעורב בהם בכל אור ואור, כל בחינה הנזכרת. וכבר נתבאר איך כבר נתבררו כל בחינת עתיק, שהיו מעורבות בהם, ונתקן כל פרצוף שלו, יעו"ש. וכן מבואר בפרק א' ובפרק ב' ובפרק ג' דשער המלכים, ובריש פרק א' דשער כ"ח, ובפרק א' ובריש פרק ד' דשער ט"ל, ובמבוא שערים דף ט' ע"ד, ודף מ"ה ריש ע"ד, יעו"ש. ועיין עוד בדברינו בפרק א' דשער התיקון ד"ה צריך וכו', ובפרק ב' דשער התיקון ד"ה - ומנוקדות וכו', ובפרק א' דעתיק ד"ה - ועוד לקח וכו', ובד"ה - כי הוא מברר וכו', ובפרק ב' דשער מ"ב שהוא מ"ב השני, בד"ה - היו כלולים וכו', ועוד בפרק ג' דהתם בד"ה - היותר מובחר יעו"ש.
116

כרם שלמה ש"ט פ"ה אות ב' – והנה א"א אסף אליו הניצוצין של חלקו שהיו מסוד אותן שבעה מלכים שמתו וכו'. וכדי להמתיקן הכניסם לנה"י לתוך החג"ת, כדי שימתקו ויצאו ממותקין. ואז גם ז"א יכנסו הנה"י שלו תוך החג"ת שלו, ויתמתקו הדינים תוך הרחמים שלו, ויצא גם הוא בבחינת בו"ק, וממותקין.
117

ע"ח שי"ח פ"ו מ"ק דפ"ט ע"ג – וזה שאנו אומרים שהדם היוצא מן מקור האישה בעת לידתה, הוא טמא, על כל זה **דע** כי יש ברירה, וברירה דבריריה, הכל הוא כפי העולם שאנו מדברים בו, כי אם הוא בנוקבא דאצילות, או באימא עילאה, הנה אותו הדם היוצא ממנה, אף על פי שבערכה הם סיגים, עם כל זאת הם עדיין צריכין להתברר **בנוקבא תתאה, מלכות**. וכן הדם היוצא מנוקבא דז"א דאצילות, שאינו ראוי להיות משם חלקי אצילות, הנה הם סיגים בערך האצילות, אך הם **יורדין בבריאה**, ומתברר מה ששייך ממנו לבריאה, והשאר **יורד ביצירה**, בסוד דם. וכן הולך **עד שיתברר מכל עולם ועולם**, עד שיורד **בנוקבא תתאה דעשיה**, ושם מה שיוכל להתברר הוא סיום הבירור, ומה שיוצא משם בסוד דם, **הוא סיגים וקליפות גמורות**, אשר לא יוצלח לכל, והם סוד **הקליפות שתחת העשייה** ששם מקומם.
מבוא שערים ש"ה ח"ב פ"א דמ"ה ע"ג - והענין דע, כי באלו **השבעה מלכים יש בהם כל בחינות אבי"ע**, ויש בהם חלקים הראויים לעשות מהם **אצילות**, וחלקים שאינם ראוים להעשות מהם אצילות, רק **בריאה**, וכן על דרך זה **יצירה ועשיה**. וכל זה בדרך כלל, כי גם הוא על דרך זה בפרטות, כי יש חלקים ראויים לאריך, ויש לאבא, ויש לאימא, ויש לז"א, ויש לנוקבא. **ובתחילה נתבררו החלקים שיש לאריך בשבעה מלכים**, וכל השאר נקרא סיגים אצלו, כי אינם מערכו. ואמנם כל מה שהיה לאריך בהם, **הכל נתברר בעת האצילות, לתיקון א"א** ולקחו. ומהסיגים הנשארים חזרו להתברר, ואז מהחלקים שיש לאו"א בהם **נעשה בחינת או"א**, והשאר שלא היה בהם עוד חלקי או"א, נשארו בסוד סיגים, ומהם חזרו להתברר במעי אימא. ומהחלקים אשר לזו"ן, **בהם נעשו זו"ן של אצילות**. ואז כל הנשאר נקרא סיגים, בערך עולם האצילות, וכל בחינות אלו יוצאות בסוד דם הלידה. ואמנם עדיין יש בהם קדושה, שהם בחינת העולמות של בי"ע, ולכו חוזרים ומתבררים בסוד עיבור בתוך הנקבה של ז"א, ומהמובחר שבו נעשה א"א דעולם הבריאה, וכל השאר יוצא מנוקבא דז"א בסוד דם לידה, ונקרא סיגים בערך אריך דבריאה, וכן כיוצא בזה עד תשלום עולם העשיה. ונמצא, כי אף על פי שבכל פעם חוזרין ומתבררין סיגים אלו כנזכר, ויוצאין בסוד דם לידה, אף על פי שנקראו סיגים ודם הלידה, אינם טמאים ח"ו. אמנם הדם היוצא מנוקבא תתאה בעשיה בעת הלידה, אלו הם סיגים וקליפות גמורות, אשר לא יצלחו לכל, והם בחינת הקליפות שתחת עולם העשיה. כי שם מקומם כנודע, ואלו הם טמאים, ודם הלידה שבאשה הוא, להיות בה בחינת העשיה גם כן, ובסוד העשיה דם לידתה טמא כנודע. אך כל שאר הדמים של לידות עליונות, הם טהורים, ואנם הם נקרא דינין, ודמים, בערך המקום שמשם יוצאים, **וזכור זה.**
118

ספר ליקוטי הש"ס, ליקוטים מעץ החיים, ליקוטים לזכירה מעץ החיים – ידוע כי קודם בריאת העולם של העשיה, ויצירה, ובריאה, ואצילות, אז בנה הקדוש ברוך הוא **כמה עולמות אבי"ע, וחזר ומחריבן**, ואמר דין לא הניין לי, כי גברו בהם הדינין והקליפות עד מאוד. וכאשר הגיע להאציל את השבעה קצוות של האצילות, לא הצליחו במלכות, ותיכף נשברו ומיתו, לא דמיתו ממש, רק שירדו ממדרגתם, דהיינו שנפרדו הכלים של השבעה קצוות אשר נשברו, למטה במקום עולמות בי"ע. והרוח תשוב אל האלהי"ם חיים במעי אימא עילאה, כי בג' עליונות לא שלטה בהם השבירה.

רחובות הנהר ד"ב ע"א – וכמו שאחר כך כתב הרח"ו זלה"ה עצמו בפשיטות, ובאורך וביותר פרטות בשער הלקוטים, ובשער מאמרי הרשב"י ע"ה, ובכמה מקומות, יש כי לא בפרטי החמשה נקודות בלבד היה מקרה המלכים, אלא היה בכל מין עשר ספירות ועשר ספירות דכל פרצוף **דפרטי אבי"ע**, וכמו שכתב בדרוש הדעת וז"ל – כל פרצופי אבי"ע כלולים ממ"ה ו ב"ן, שהם חסדים וגבורות, וכל בחינה משתיהם יש בה נרנח"י שבכל פרצוף, ותחלה יצאו שבעה מלכים, והם זו"ן, שבע קצוות שבכל פרצוף, בבחינת נפש, הנקרא שבעה מלכיות שבשבעה הקצוות מבחינת ב"ן, **ונשברו**, ואחר כך באו שבע קצוות של מ"ה....................

נהר שלום, דרוש הדעת דמ"ב ע"ד – כל פרצופי אבי"ע כלולים ממ"ה ו ב"ן, שהם חסדים וגבורות, וכל בחינה משתיהם יש בה יחידה, חיה, נשמה, רוח, נפש שבכל פרצוף. **ותחלה יצאו שבעה המלכים והם זו"ן, שבע קצוות שבכל פרצוף, בבחינת נפש, הנקרא שבעה מלכיות שבשבעה קצוות, מבחינת ב"ן, ונשברו.** ואחר כך באו שבעה קצוות של מ"ה, מבחינת נפש, והמשיכו עמהם נפש דב"ן, ונתקנו. ואחר כך על דרך זה באו רוח, ונשמה, וחיה, יחידה דמ"ה, והמשיכו את רוח, נשמה, וחיה, ויחידה דב"ן שלא נאצלו עדיין, ובאו כולם כלולים בסוד תוספת בזו"ן, שהם שבע הקצוות שבכל כלל ובכל פרט.
119

ע"ח ש"ט פ"ט מ"ת דמ"ב ע"ד – ונבאר סדר יציאת שבעה מלכים, ונתחיל מן הראשון שהוא הדעת אשר זה יצא ראשונה, וכאשר לא היה יכול הכלי לסבול כנזכר לעיל, נשבר הכלי וירד למטה בעולם הבריאה, ר"ל **במקום שהיה עתיד להיות עולם הבריאה אחר כך, כי הרי עדיין לא נברא עולם הבריאה.**
120

ע"ח ש"ט פ"ז מ"ב דמ"ו ע"ב – והנה כאשר יצאו כל האצילות מבחינת ב"ן לבד, והיה כולל עתיק, וא"א, ואו"א, וזו"ן. ואז יצאו תחלה כל הכלים שלהם זה תחת זה עד סיום עולם האצילות, ואחר כך יצאו אורות דב"ן כל פרטי אצילות, ויצא תחלה כתר דעתיק דאצילות, שבו נכללין כל האורות, ונתקיים, ואחר כך יצאה חכמה דעתיק בכלי שלו, ובו היו כלולים כל שאר האורות ונתקיים, ואחר כך יצאה בינה דעתיק, ובו כלולין כל שאר האורות ונתקיים, ואחר כך יצאו שבעה תחתונות דעתיק,)נ"א דדעת(הדעת למטה כל אחד כלול בכלי שלו, ובו כלולים כל שאר האורות, והיה נשבר, וירד **פנימיות הכלי לבריאה, וחיצוניות הכלי ירד ביצירה, וחיצוניות של חיצוניות בעשייה**, ואחר כך האור ההוא נשאר בלי כלי, ושאר האורות ירדו בכלי השני של השבעה תחתונות, וגם הוא נשבר על דרך הנזכר לעיל,)נ"א נשאר על דרך הנזכר לעיל(והאור שלו נשאר בלי לבוש, ושאר האורות ירדו לכלי שלמטה ממנו, וכן על דרך זה עד שנגמרו שבעה תחתונות שלו, ואחר כך נכנס הכתר דאריך אנפין בכלי שלו....................

טעמי מצות, פרשת שופטים, מצות עגלה ערופה דק"ד ע"א – והנה כל מצות סובבות על מציאות השבעה מלכים דמיתו ותיקונם, כי ימצא חלל היינו ז"א דנקודים, שנתרוקן חלל חיותו ונשברו כליו באדמה, היינו סוד התבונה, שגברו הדינים שהם ק"ך צרופים, גימטריא חל"ל באדמ"ה. וכן אדמה מלשון ארץ אדום, דהיינו בינה, שמלכו ומתו. אשר הוי"ה אלהי"ך נותן לך, פירוש שענין חלל ושבירה זו היא בכוונה מכוונת, לצורך בירור הטוב מהרע, **כי לא היתה מיתת מלכים ושבירתם על צד המקרה.** והנה נפילתם ושבירהם ירדו עד תשלום עשיה, **כי כלים שלהם נפלו בבריאה, ומהם ביצירה, ומהם בעשייה.** וזהו חלל בבריאה, נופל ביצירה, בשדה עשיה.

נהר שלום דכ"ד ע"ד – והנה ידוע כי מיתת המלכים היתה בזו"ן דפרטות, ר"ל בזו"ן דעתיק, ובזו"ן דא"א, ובזו"ן דאבא, ובזו"ן דאימא, ובזו"ן דז"א, ובזו"ן דנוקבא, וכל פרצוף מאלו הפרצופים כלול מכל הפרצופים הנזכרים. וזה היה בפרט האחרון דפרטי פרטות, וכמבואר לעיל בהקדמה, וזה היה בפנימיות וחיצוניות דפנימיות, ובחיצוניות ופנימיות דחיצוניות, דפנים ודאחור. **והכלים עם הרפ"ח ניצוצות דמלכים דעתיק נפלו לעתיק דבי"ע, ודא"א לא"א דבי"ע, ודאו"א לאו"א דבי"ע, ודזו"ן לזו"ן דבי"ע. באופן זה כי כי הכלים**

45

לעשיה. ולפי פשט דבריו בי"ע עדיין לא נברא עד אחר שבירת הכלים, עם כל זאת מדובר[121] הוא **באבי"ע דעובי**, ר"ל באצילות דאבי"ע דעובי היתה שבירה, והכלים נפלו לבי"ע דאבי"ע, כאשר הכלים דשבעה מלכים דאצילות, נפלו לבי"ע דאצילות, הכלים דשבעה מלכים דאצילות דבריאה, נפלו לבי"ע דבריאה, הכלים דשבעה מלכים דאצילות דיצירה, נפלו לבי"ע דיצירה, והכלים דשבעה מלכים דאצילות דעשיה נפלו לבי"ע דעשיה. ולכן לא היתה השבירה רק בזו"ן הכוללים, אלא בכל בחינת זו"ן בכל שיעור קומה, פרצוף, ספירה ונקודה היה בחינת שבירת הכלים, וירידה לבי"ע דאותה בחינה. כך שאין לך נאצל נברא נוצר או נעשה שלא היה בו בחינת שבעה המלכים דמיתו, לכן כל בחינת זו"ן בין בכללות ובין בפרטות היה בהם בחינת מיתה, ואפילו[122] בא"ק, **ודי למבין**.

הפנימיים דמלכים הנזכרים נפלו לפרצופי הבריאה. והכלים האמצעיים ליצירה. וכלים החיצוניים שלהם לעשיה. ונתבאר בשער השמות ובכמה מקומות, כי כדי לברור הכלים ושארית הרפ"ח דכל פרט, יורדים כל הפרצופים העליונים דאצילות בימי החול בסוד גלות השכינה, ומתלבשים בפרצופים שכנגדם למטה בבי"ע. עתיק דאצילות בעתיק דבי"ע, וא"א בא"א, ואו"א באו"א, וזו"ן בזו"ן. כלים פנימיים שלהם בבריאה, ואמצעיים ביצירה, וחיצוניים בעשיה. ובי"ע הנזכר מתלבשים בבי"ע דחול, וזה לצורך שארית בירורי כלים ואורות דמלכים דזו"ן דעתיק, וא"א, ואו"א, וזו"ן דאצילות שנפלו לבי"ע על סדר הנזכר. **כי הכלים הפנימים של מלכי עתיק, וא"א, ואו"א, וזו"ן דאצילות נפלו לבריאה. וכלים האמצעיים של המלכים הנזכרים ליצירה. וכלים החיצוניים שלהם לעשיה,** כנודע. ועל כן בימי החול יורדים הכלים דפרצופים העליונים דאצילות על דרך הנז"ל, לברר בחינותיהם שנשארו בבי"ע.

רחובות הנהר ד"ב ע"ב – ובהגיע האור לגבול האצילות, אירע בהם ענין ביטול המלכים, ונפלו הכלים פנימי אמצעי וחיצון עם אורות דרפ"ח, **לבי"ע התחתונים** דאותה הספירה.

121

תרשים ה – ח.

122

מבוא שערים ש"א ח"א פ"א ד"ג ע"ב – והמשכיל יבין מזה בש"א ח"א פ"א כי בכל יציאות אורות מחודשות נעלמות מספירות, אינו אלא על יד צימצום האור, כי כן היה צימצום הא"ס להוציא א"ק, וא"ק להוציא הנקודות, הוא האצילות. וכל זה הוא קרוב אל **ביטול המלכים, ואסור להוציאם בפה**, כי זה המקום מקום גבוה.

מבוא שערים ש"א ח"א פ"א ד"א ע"ב – ומזה תבין כל הצימצום שיבואו אחר כך שנבארם במקומם, כמו צימצום א"ק שציימצם עצמו להוציא עולם הנקודים, כמו שנבאר ש"ב ח"א פ"א, גם הוא בחינת דין. ונמצא כי מעת התחלת צימצום א"ס לעשות המקום חלל, התחיל **שורש הדין** להתגלות קצת, **עם היות שאסור להזכיר בחינת דין** זולת **מן האצילות ולמטה**, להיות כי שם התחילו הכלים להתגלות, והעיקר הצימצום והגבלה הוא על ידי הכלים. אמנם מה שאנו מזכירין כאן בחינת דין, הוא **שורש הדין בהעלם גמור** בערך הא"ס, אמנם כאן היא רחמים פשוטים. נמצא כי הצימצום הזה היה היה כדי שיוכלו הכלים לא"ק הזה להתגלות ולהתהוות, כי האור מבטל הווית הכלים שהוא עב וחשוך מן האור, ואחר כך בעת חזרת האור הקו של הא"ס להתלבש בתוכם כמו שנבאר פרק ב', אז חזר האור דעצמות דא"ק ונתלבש תוך הכלים שלו, ונשאר בבחינת העצמות וכלים. עם היות שאסור להזכיר כאן שום כלי, כי אין גילוי כלים רק בעולם הנקודים, אבל אנו קוראים עתה כלים בערך אור של עצמות הגדול הזך ממנו, המתלבש בתוכו. והענין מה שאמרו זכרונם לברכה כי תחלה ברא העולם במדת הדין, ואחר כך שיתף עמו מדת הרחמים, והנה כי בעת עשיות מקום על ידי הצימצום, היה במדת הדין, ואחר כך שנאצל העולמות בתוך המקום, ואור א"ס נתלבש בתוכם כמו שנבאר בע"ה, אז היה מדת הרחמים. והנה גם הצימצום הזה היה דין, נקרא מקלקל על מנת לתקן, כי היה כהכרח להתגלות שורש הדין, אז תחלה כי כל כוונות האצילות העולמות היה לברר העולמות, כנזכר במבוא שערים, והנה זה היה הצימצום הראשון של האצילות כל העולמות.

מבוא שערים ש"ו ח"ב פ"א דנ"ו ע"ד – וכבר ידעת, כי באלו המלכים יש בחינת כלים, ובחינת אורות, שהם רפ"ח ניצוצין, הנקראים הבל דגרמי המחייה אותם, ומכל אלו הבחינות יש בירורין, הן מהכלים הן מהאורות, ובהיות אלו המלכים למטה בלתי בירור, אין להם זולתי חיות מועט בצמצום גמור, שלא יאבדו לגמרי, ונקרא הבל דגרמי, אך אין להם מזון כלל, עד שיעלו לאו"א להתברר, ושם ניזונין מזון גמור, כמבואר אצלינו במשנת שבועות, שנים שהם ארבע. **והנה מלכים אלו דמיתו, יש בהם כל בחינת אבי"ע כנזכר**

וכן נעשה **בשאר העולמות** דבי"ע דעובי, בררו חלקי ניצוצין, ואספו אותם, ממקרה המלכים הפרטי שלהם, שהיה בשבע הקצוות דאצילות דבי"ע, **והנשאר** שהוא הטוב שברע, ר"ל מהניצוצין שבנוקבא דעולם העשיה דאבי"ע **שלא**[123] **היה יכול להתברר** באותו זמן, **ירדו בעמקי הקליפות** שבסוף ר"ל מתחת עולם **העשיה** דאבי"ע, **ונשארו שם** בעמקי הקליפות **קצת ניצוצי קדושה** כדי[124] לתת חיות לקליפות, עד שיגיע זמן גאולתם של הניצוצין הללו, בסוד[125] - אין בן דוד בא עד שיכלו כל הנשמות שבגוף, וזה יהיה בתוך[126] שתא אלפי שנים.

לעיל, ואין לך דבר בעולם בכל העולמות כולם, וכן בכל חלקי העשיה, כמו הדומם והצומח והחי והמדבר, שאין בכל אלו ניצוצות קדושה הנתונות תוך הקליפות, וצריכין להתברר, וכאשר יכלו להתברר כל הקדושה שבתוכם, ולא יישארו רק הסיגים לבדם, הם הקליפות בלתי תערובת קדושה כלל לגמרי, אפילו כחוט השערה, אזי כתיב בלע המות לנצח, והרשעה כולה בעשן תכלה, כי אז הסיגים הנשארים מן הכלים הנשברים של המלכים, יישארו בלתי שום חיות, וימותו לגמרי ויתכלו, משאין כן עכשיו, שהניצוצות של הקדושה הנתונות בתוכם מחיות אותם, וזה סוד הנמרץ, אל חשק ותאוות הקליפות להטעות את האדם מה הוא, לגרום חיות להם, והבן זה. **ונמצא, כי בכל ארבע עולמות אבי"ע, יש בהם בירור מלכים אלו,** רק שבאצילות הוברר בו אותו החלק שבמלכים, הראוי להיות אצילות. והחלק שאינו ראוי לאצילות ירד בבריאה. לפי שבערך האצילות נקרא סיגים, ולכן יורדים בבריאה, ושם חוזרים להתברר, והראוי שם נשאר שם, והנשאר נקרא סיגים בערך הבריאה, ויורד ביצירה, וכיוצא בזה. עד שיורד בנוקבא דתאה דעשיה, ושם נגמר להתברר, ומה שאינו מתברר שם, הוא סיגים גמורים, וקליפות גמורות הנודעות, שהם תחת מלכות דעשיה. שהם קליפות הקשות והאמיתות, וכשאלו יגמרו להתברר, אזי כתיב בלע המות לנצח, כי נתקן שיעור האדם הנזכר לעיל בכל קומתו, עד סיום הרגלים.
123

כרם שלמה ש"ט פ"ה **אות ב'** - ומה שכתב, והנשאר שלא היה יכול להתברר וכו'. פירוש, שלא יכלו להתברר **באותו זמן,** ירדו בעמקי הקליפות סוף העשיה, ור"ל **שנשארו שם בבחינת חיות לצורך הקליפה.** וזהו בכח ניצוצי הקדושה המעורבת בהם, אשר עדיין לא הגיע זמנן להתברר אז. וזהו שכתב **ונשאר שם קצת ניצוצי קדושה.**
124

ע"ח ח"ב שט"ל פ"א מ"ב דס"ה ע"ד - והענין, כי כל אותה בחינה של מעלה ממנה, הובררו מאליהם על ידי המחשבה שבכל בחינה מהם, ולא היו צריכין אל מעשה התחתונים שעל ידיהן יתבררו, לפי שהקליפות אשר כנגדן אין בהם כח כל כך. אבל בחינת המ"ן של המלכות (דנוקבא דז"א) אשר הם בחינת עשיה, ששם כל עיקר שורש ותוקף הקליפות, לכן לא היה בה כח לתקן ולברר הבחינת של מ"ן שלה שהיה באלו המלכים, **לסיבת היותן נתונים בעמקי הקליפות החזקים,** ולא היה יכולת בה לבררם. עד שבא אדם הראשון, ועל ידי מעשיו ותפילותיו היה מכניע את הקליפות, והיה מחזיר זו"ן פנים בפנים, ואז מתבררים חלק המ"ן דנוקבא דז"א, בירור גמור, ואז לא היה עוד שם חורבן בעולם, והיה אז כמו שיהיה בימי המשיח במהרה בימינו, כי אז כתיב - בלע המות לנצח, **שהם הקליפות אשר חיותם הוא בחינת המ"ן אלו, שלא הוברה, והם עדיין בתוכם, ואם היו נבררין לגמרי,** היה מסתלק מהם כל החיות, והיו מתים לגמרי. וזהו ענין אין בן דוד בא עד שיכלו כל הנשמות שבגוף, **כי כאשר יכלה כל הנשמות הקדושות לצאת משם, ועולין בבחינת מ"ן, שמהם נוצרים הנשמות** כנזכר לעיל בתחילת הדרוש, **לא יהיה עוד חיות אל הקליפות, וימותו ויתבטלו.** וזהו בלע המות לנצח, כי הקליפות נקרא מות, תתבלע ותתבטל לגמרי.
125

גמרא נידה די"ג ע"ב - דאמר רבי יוסי, אין בן דוד בא, עד שיכלו כל הנשמות שבגוף. שנאמר - כי רוח מלפני יעטוף ונשמות אני עשיתי.
126

נהר שלום די"ג ע"א – אמנם בערך העצמות ואור הא"ס, המלובש בהם נקרא כלים. אמנם הם אור זך ובהיר בתכלית הבהירות, אמנם ודאי כי יש הפרש וחילוק גדול בין ערך אורות הכלים דא"ק, לאורות הכלים דאצילות. וכן באצילות עצמו יש חילוק בין אורות דכלים דפרצוף העליון, לאורות דכלים דפרצוף התחתון המלבישו, עד שיקראו הכלים דפרצוף העליון, פנימית לכלים דפרצוף התחתון המלבישו. וכן הוא בפרטי פרטות כי כל פרצוף היותר גבוה ופנימי מחבירו, הנה הוא קרוב אל אור הא"ס מדרגה אחת יותר מהפרצוף התחתון, החיצון המלבישו, והוא מקבל אור הא"ס בקירוב ובהרחבה יותר מהפרצוף החיצון מדריגה אחת, ולפיכך יקרא פנימיות לפרצוף החיצון המלבישו, כי כפי קרבתם אל המאציל כך הוא זיכוכם ובירורם. **והמשכיל יבין** כי כל אלי המאורות מן המאציל העליון יצאו ונתפשטו ונשתלשלו **כל אחד כפי שיעור הבירור והתיקון והתיקון הצריך לו, כפי שיעור מיעוט או ריבוי הבירור והתיקון הצריך להם, כך הוא קירובם וריחוקם מן המאציל**. כי האור **שאינו צריך זמן רב לבירורו ותיקונו**, הוא יותר זך מחבירו, והוא עליון וקרוב אל המאציל, יותר מהאור **הצריך זמן יותר לבירורו ותיקונו**, וכולם מאור המאציל העליון יצאו ונתפשטו, מדרגה למטה ממדרגה, ומדרגה לפנים ממדרגה, מראש א"ק עד העשיה, ונפרטו לכמה אלפי רבבות עולמות דא"ק ואבי"ע, זה לפנים מזה, מלבישים זה את זה בשוה. **ומספר כללות פרטותם הוא כפי מספר ימי שני זמן בירורם ותיקונם, שהם שתא אלפי שני דהוי עלמא**, וזה בבחינת ששת ימי בראשית שהם שתא אלפי שני דהוי עלמא, שהם בבחינת פרטי פרצופי ו"ק, חג"ת ונה"י דהג"ת, אשר הם נפרטים לשנים, ולחדשים, ולשבועות, ולימים לבד. **ובכל יום נתקן פרט אחד דכללות א"ק ואבי"ע, כפי סדר מטבע מה שנעשה בששת ימי בראשית**. וכן על דרך זה הוא בירור ותיקון סדר הזמנים, שהם בבחינת פרטי פרצופי ו"ק, נה"י וחג"ת דנה"י, שמשם התחילו לשמש המאורות. אמנם הם נפרטים ליובלות, ולשמטות, ולשנים, ולחדשים, ולשבועות, ולימים, **ובכל תפלה ובכל מצוה הנעשים באותו יום, מתבררים ועולים בירורים חדשים, אשר לא נבררו ולא עלו מיום שנברא העולם, עד היום הזה**. ואלו הבירורים שנבררו ונתקנו היום, עולים ומלבישים לבירורים שנבררו ונתקנו אתמול, והבירורים של אתמול הם בערך פנימיות להם, כי הם לפנים מהם, וקרובים אל המאציל מדרגה אחת יותר מהם, ואלו הבירורים של אתמול, הם בערך חיצוניות לבירורים שנבררו ונתקנו היום תמול שלשום, ובירורים דתמול שלשום הם פנימיות להם, כי הם לפנים מהם וקרובים אל המאציל מדריגה אחת יותר מהם. וכן על דרך זה הוא בבירורים המתבררים ונתקנים למחר, שעולים ומלבישים לבירורים שנבררו ונתקנו היום, ונעשים חיצוניות, להם והבירורים של היום הם בערך פנימיות להם, כי כבר נתקנו ועלו למדרגה יותר עליונה ממה שהיו בה היום, והם לפנים מהם, קרובים אל המאציל מדרגה אחת יותר מהם, כי הבירורים שנבררו ועלו ונתקנו היום, הנה הבירור והתיקון ההוא נקרא בירור ותיקון בערך המדרגה ההוא. אבל בערך מדרגה יותר פנימית עליונה, עדיין צריכים בירור ותיקון יותר. ולפיכך למחר בעת עלות הבירורים החדשים ותיקונם, גם בעת ההיא נבררים ונתקנים הבירורים שנבררו ונתקנו היום, בירור ותיקון יותר מעולה, ועולים ונכנסים ומלבישים למדרגה יותר עליונה ממה שהיו בה היום, למקום שהיו בה הבירורים של אתמול, ומתקרבים אל המאציל מדרגה אחת יותר, ומזדככים יותר והבירורים של מחר, עולים למקום שהיו בה אלו הבירורים. וכן על דרך זה גם הבירורים של אתמול, נבררים בעת ההיא בירור יותר מעולה, ועולים ונכנסים למדרגה יותר עליונה ממה שהיו בה, ומתקרבים אל המאציל מדרגה אחת יותר, ומזדככים יותר. וכן על דרך זה נעשה בכל העולמות, כי עולים מיום ליום לשבוע, ומשבוע לחדש, ומחדש לשנה, ומשנה לשמטה, ומשמטה ליובל, ומיובל ליובל, עד המאציל העליון, עד שבכל יום נשלמה מדרגה אחת הסמוכה אל המאציל, להתתקן ולהזדכך תיקון וזיכוך שלם, ונדבק במאציל. וכן על דרך זה הוא בירור ותיקון וזיכוך ששת ימי בראשית, אלא שהם מיום ליום לשבוע, ומשבוע לשבוע לחדש, ומחדש לחדש לשנה, ומשנה לשנה לעשר שנים, ומעשר לעשר למאה שנים, וממאה למאה לאלף שנים, ומאלף לאלף עד שתא אלפי שני על דרך הנזכר לעיל, עד שבשתא אלפי שני דהוי עלמא חד, עד שבשתא אלפי שני דהוי עלמא חד, נשלמו כל העולמות להתברר ולהתתקן, ולעלות ממדרגתם, מדרגה אחת שלימה כל פרט, למדרגה שעליו, **כי שתא אלפי שני הוא זמן בירור ותיקון ועליית עלמא חד**, שהוא מדריגה אחת לכל העולמות, **ודי בזה למבין**, כי לא נוכל להרחיב עוד הדיבור הצריך, כי הדברים עתיקים עמוק עמוק, **והמשכיל יבין**.

נהר שלום דט"ל ע"ג – ידוע מה שכתב הרב ז"ל, כי בכל ראש השנה חוזר האצילות העליון, לכמות שהיה בתחילת הבריאה. והענין הוא, **כי בכל שנה ושנה יש בירור ותיקון חדש, מבירורים חדשים אשר עדיין לא הובררו, ולא עלו, ולא נתקנו מבריאת העולם ועד עתה**. וסדר תיקונו הוא כסדר התיקון שנתקן בבריאת

הרב ז"ל מסיים דרוש זה, ומבאר כי העלייה ותיקון הניצוצין הנמצאים בקליפות בזמן זה תלוי הוא בעשרה הרוגי המלכות, שהם רבי עקיבה וחבריו, גם כאן מקצר הרב ז"ל, אולם[127] מבאר סוד עשרה הרוגי המלוכה במקומות רבים,

---

העולם, והוא פשוט למשכילים בדברי הרב ז"ל, כפי מה שביאר לנו בעץ חיים ובספר מבוא שערים ובכמה מקומות. אמנם זהו בבחינת בירור ותיקון הנעשה בבחינת העתים והזמנים, שהם השנים של השמטות, והיובלות, הנמנים ועולים משבעה לשבעה, עד א"ס, כמבואר אצלינו במקום אחר בהקדמה, עיין שם. אמנם בבחינת בירור ותיקון ששת ימי השבוע, שהם פרטי ששת ימי בראשית, הנמנים ועולים מעשר לעשר, לשתא אלפי שני.

127

ע"ח ח"ב שט"ו"ל דרוש א' מ' דס"ו ע"ד - והנה בזמן חורבן בית שני, בזמן עשרה הרוגי מלוכה, גברו מאד מאד העונות, ולא די שלא היה כח ביד בני אדם התחתונים לברר ניצוצין אלו, על ידי תפלתן, להעלותן בסוד מ"נ, אלא אפילו גם המ"ן דבינה ירדו למטה, וחזרו להתערב בקליפות.... והנה אז בחורבן בית שני, לא היה כח להעלות מ"ן הנזכרים לעיל אם לא בבחינה אחרת, רביעית, **והוא שהוצרכו עשרה חסידים ההם ליהרג, ולמסור עצמן על קדוש השם בפועל, ואחר שנהרגו היה כח בנשמותיהם לברר המ"ן מהמלכים**, להעלותן מ"ן בכל זווג וזווג שיש, בין במ"ן דבינה, בין במ"ן דנוקבא דז"א, רחל. וטעם היות כח באלו להעלות מ"ן הנזכר לעיל הוא, כי הנה י"ב שבטים הם שורש לכל הנשמות כולם, שהם עצמן בחינת המ"ן הנזכר לעיל, **ואלו עשרה הרוגי מלוכה, הם השבטים עצמם כנודע**, לכן יש בהם כח להעלות המ"ן, שהם מציאות הנשמות עצמן. ועניין היותן עשרה הרוגים הוא, השבטים הם י"ב, נתבאר בדרוש אחר. והנה עניין זה נתבאר זוהר פקודי בעניין עשרה הרוגי מלוכה, **ואמר שם גופא דילהון אתמסר לסטרא אחרא, ונשמתהון למלכא קדישא**. והעניין כמו שמבואר, כי לא די שאז לא היו מבוררין המ"ן של הנוקבא, אלא גם מ"ן דבינה גם כן ירדו ונתערבו בקליפות. והנה המ"ן דנוקבא דז"א לעולם היתה ברשות סטרא אחרא, ולעולם לא יצאו משם, אמנם של הבינה כבר היו מבוררים וחזרו לירד כנזכר לעיל, **והמ"ן דבינה הם מתבררין על ידי נשמות אלו של עשרה הרוגי מלוכה, והם מעלין אותן מן הקליפה למעלה בבינה**. וזה סוד תא חזי - נשמתא דאלין לאשלמותא דרוחא קדישא דילהון, עשרה רוחין מתתא כדקא יאות וכו'. ר"ל **שעל ידי רוחין דילהון יעלה מ"נ מתתא לעילא**, וזה שכתב **מתתא, ר"ל ממקום הקליפות**, עד בינה. **והבן היטב** עניין העלאת מ"ן מה פירושו, **שהוא מ"ן מתתא שהם הקליפות, למעלה בבינה או במלכות**. ואמנם העלאת מ"ן דנוקבא דז"א מתתא, מן הקליפות, למעלה בנוקבא הנזכרת לעיל, **אינו אלא על ידי גופין דילהון ממש שנהרגו**, וזה סוד - וגופא דילהון אתמסרו למלכא חייבא, פירוש ביסוד הקליפות, אשר היא סטרא אחרא, אשר בהם נאחזין המ"ן דנוקבא דז"א בעצמן כנזכר לעיל, שמעולם לא יצאו משם, והם מכונים בשם סטרא אחרא ממש. והנה גופם של עשרה הרוגי מלוכה נמסרו אז בידם דסטרא אחרא, והרגום, כדי שיהיה בהם כח להעלות המ"ן דנוקבא דז"א משם בזכותן, כי הלא הגופין הם מקבלין צער דהריגה, ולכן כדי להוציא המ"ן דנוקבא דז"א, אשר היו מושרשים בעמקי הקליפות סטרא אחרא, הוצרכו גופם להמסר ביד סטרא אחרא שיהרגו. **ואל תתמה זה**, כי הנה גופות שלהם הוו כל כך מזוככים, עד אשר היו ראוין בערך נשמות של בני אדם אחרים, כי זהו מעלת הצדיקים לזכך גופם, ולעשותן צורה.... ומכל שכן גופות אלו הקדושים, עשרה הרוגי מלוכה, שנהרגו על קדוש השם לתכלית ולכוונה הנזכרת לעיל, כי ודאי גופם ממש עלו בבחינת רוח, והם מעלין מ"ן דנוקבא דז"א, **מאז ואילך עד ימות המשיח**.

שער מאמרי רשב"י דל"ד ע"ב – ואחר שביארנו עניין חטאו של אדם הראשון, ומה גרם על ידי מעשיו. נבאר עתה עניין גרעון אחר, יותר רע מזה, והוא בזמן סוף בית שני כשנחרב, בזמן עשרה הרוגי מלכות, כי אז נתגברו העונות ונתרבו מאד, וגברה יד הקליפות ולא היה כח במעשה התחתונים לברר ניצוצות מן המלכים הנזכרים, ולא היו יכולין להעלות מיין נוקבין דנוקבא דז"א לגבי בעלה, ולא עוד אלא שגם המיין נוקבין של אימא עילאה חזרו לרדת בעון הדור, **ונפלו בעמקי הקליפות, ונתערבו שם כבראשונה**, וזהו סוד - ובפשעיכם שולחה אמכם. ולהיות זה היה העולם הולך להיחרב, ולכן הוכרח עניין עשרה הרוגי מלוכה אלו, וכאשר נהרגו על קידוש השם יתברך, היה כולת בהם ובנשמתם להעלותם את המיין נוקבין כבתחילה, מעט מעט ניצוצות, בכל זווג וזווג, הן מבחינת מיין נוקבין של אימא עילאה שירדו כנזכר, והן מבחינת מיין נוקבין של נוקבא דז"א. והנה סיבת היות אלו העשרה ולא זולתם נתבאר אצלי באורך רב במקומו, אבל העניין בקיצור הוא כי הנה צריך שתדע כי בחינת מיין נוקבין הם מציאות הנשמות של בני אדם התחתונים עצמם, **והבן זה היטב וזכרהו, כי הוא כלל גדול**, כדי שתדע מה עניין מיין נוקבין וכמו שביארנו לעיל, כי מתחברים אלו המיין

ותמצית דבריו הוא, כי בזמן חורבן בית שני, יתגברו הקליפות, ובני ישראל לא היו יכולים לברר ולעלות את הניצוצין שבעולם העשיה ובקליפות. לכן הוצרכו עשרה מאבירי ישראל, שהם החכמים שבאותו דור להיהרג על קידוש השם, ומסרו[128] גופם למלכות הרשעה, בזה נשמתם מעלה מ"ן לאימא, וגופם הקדוש מעלה מ"ן לנוקבא דז"א, ועשרה הרוגי המלוכה מתעוררים בכל יום ויום, ועוזרים לנו בתפלתנו, כי מבלעדי אותם עשרה הרוגי המלוכה, לא הינו יכולים לברר ולתקן את הברורים דאותו היום, כמבואר בשער[129] הכוונות, ובסידור[130] הטהור למרן הרש"ש.

ולכן היו סוד עשרה הרוגי מלוכה, כדי[131] שיעלו[132] עשרה הרוגי המלוכה את **אותם** הברורים והניצוצין **בשם[133] מ"ב[134]** ר"ל מהקליפות, כנזכר בכוונת א"ל נקמות הוי"ה.

נוקבין עם המיין דכורין, ומהם נוצרים הנשמות. והנה שרש כל הנשמות הם הנשמות של השנים עשר שבטים, בני יעקב, והם אלו העשרה הרוגי מלוכה כנזכר בתיקונים.
128

ע"ח שער הכללים פ"א ד"ה ע"ג – וזה סוד עשרה הרוגי מלוכה שהיו בזמן החורבן, והעונות גרמו, שאז גברה הקליפה, ולא היה כח להעלות מ"ן, שהם הניצוצין ההם, והיה העולם שומם ומתמוטט, **לכן מסרו גופם למלכות**, והיו מ"ן למלכות, ונפשותם העלו למ"ן לאו"א, אותן הניצוצין שבתוך הקליפות.
שער הגלגולים הקדמה ל"ה – גם טעם עשרה הרוגי מלכות, רבי עקיבא וחביריו, שמעתי ממורי זלה"ה, כי על ידי שנהרגו על קדוש השם, **זכו הם ללקט ולברר** כל הנצוצות של הנשמות, אשר למטה ממדרגתם, הנתונים בעמקי הקליפות, ועל ידם מוצאים ומובררים, והם מעלים אותם אל הקדושה להשתלם ולהתקן.
129

שער הכוונות, דרוש א', דרוש ענין תפלת השחר די"ז ע"א – א"ל נקמות הוי"ה. הנה כוונתנו עתה היא שעל ידי תפלתינו, להעלות העולמות, ולכלול אותם עד עולם האצילות, **וללקט כל ניצוצות הקדושה שנתפזרו ונתערבו בין קליפות שלוש עולמות בי"ע**, ולהעלותם למעלה באצילות, וללקט הנשמות והניצוצות של המלכים שמתו. ואלו הניצוצות המתלקטות נעשה אחר כך בחינת מ"ן למלכות, בעת נפילת אפים, והוא סוד הנשמות המתערבות אז ברחם הנקבה, על ידי זיווג נפילת אפים. ואמנם הניצוצות אשר נפלו בעולם העשיה, אינם דומים לאותם שנפלו ביצירה ובבריאה, לפי שבעשיה הקליפות עצומות וחזקות וגדולות, **ואין כח להוציא אותם הניצוצות משם, אלא בכח עשרה הרוגי מלוכה**, כמבואר אצלינו במאמר הזוהר פרשת פקודי דף רנ"ד ע"ב, בענין גופין ורוחין דילהון דאתמסרו בידא דמלכות חייבא כו', ועיין שם. ושם נתבאר אצלינו כי הגופין עצמן דילהון נעשו בחינת מ"ן אל המלכות, והם המלקטים את הניצוצות הנשמות שבעשיה, **כי אי אפשר ללוקטן בשום אופן אחר**, זולתי **על ידי אותם הנשמות של עשרה הרוגי מלוכה, וכל זה הוא בעשיה**. מה שאין כן בשאר העולמות, וזהו הטעם שהוצרכו ליהרג אותם עשרה אבירי ישראל, כדי **שיוכלו ללקוט אותם הניצוצות שבעשיה, מיום שנהרגו עד ביאת המשיח**, כמו שמבואר אצלינו שם. וזהו מה שאנו רומזים ואומרים – א"ל נקמות הוי"ה א"ל נקמות הופיע, שינקום נקמת אותם עשרה הרוגי מלוכה, **ועל ידי הזכירה הזאת**, הם מתגברים ולוקטים הניצוצות של הנשמות, הנתונות תוך הקליפות דעשיה.
עוד יוסף חי, פרשת מקץ סימן י"ד – באומרו אל נקמות הוי"ה, יכוין לשאל **מהשם יתברך שינקום נקמת עשרה הרוגי מלכות**, ועל ידי הזכרה זאת מתעוררין גופין קדישין דילהון, לברר וללקט הנשמות וניצוצי הקדושה שנשארו בקליפות דעשיה, ויכוין ראשי תיבות **נפשנו חכתה להוי"ה נח"ל**, וסופי תיבות כי גמל עלי שם ילי"י המעלה נצוצין דעשיה.
130

תרשים ה – ט.
131

בית לחם יהודה ש"ט פ"ה דל"א ע"א – כדי שיעלו אותם משם. כמבואר בפרק א' דשער ט"ל, ובפרק ה' דשער נו"ן, יעו"ש.
132

ע"ח ח"ב שט"ל דרוש י"א אות ג' מ"ב דע"ה ע"ד – ענין העלאת מ"ן דנשמות שיש בניצוצות המלכים שלא נתבררו, ואי אפשר להעלותן אם לא על ידי נשמות שרשיות לכל הנשמות, **כמו עשרה הרוגי מלוכה**,

שהם עשרה שבטים, והם מעלין אותם למעלה, ושם נתקנים. ויש גם כן כח לכל הנשמות לברר גם הם, כפי כח מעשיהם, קצת נשמות להעלותן בסוד מ"ן למעלה, לתקנם.
133

כרם שלמה ש"ט פ"ה אות ב' — ומה שכתב הגוב"י אות ג' וז"ל - עיין לעיל שער תנת"א פ"א מ"ב ד"ה דע כי ארבעה בחינות וכו', ביאור כל זה הענין. **זה שייך לפרק ו' דלקמן בסמוך, ולא לפרקין,** אף על פי שהוא סימן על פרקין, **הוא טעות,** וצריך להניח אות ג' אחר מ"ב דפרק ו'.
134

הגהות וביאורים)ג — עיין לעיל שער תנת"א פרק א' מ"ב, ד"ה דע כי בחינת וכו', ביאור כל זה הענין.

עֵץ חַיִּים

לְרַבֵּינוּ חַיִּים וִיטַאל

שֶׁקִּיבֵּל מִמָּרָן הָאֲרִ"י זלה"ה

שַׁעַר ט'

שַׁעַר שְׁבִירַת הַכֵּלִים

פֶּרֶק ה'

חֵלֶק הַתַּרְשִׁימִים טַבְלָאוֹת וְצִיּוּרִים

שְׁמֹחַת חַיִּים

הקדמה קצרה

דע כי כל התרשימים הציורים והטבלאות, הם אך ורק לשכך את האוזן, ולשבר את העין. וכל הציורים הם לא שלמים.

כתב הרי"ח הטוב ברב פעלים ח"ב בסוד ישרים ה' - אך דע לך כי סדר התלבשות המחצבים שכתב מהרח"ו בשערי קדושה עד עולם הזה שאנחנו עומדים בו. וכן סדר התלבשות הפרצופים אשר בכל מחצב ומחצב, וסדר התלבשות העולמות זה בזה, והיושר והעיגולים, לא אית אינש דכיל למנלע רזא דנא, איך היא עשוי, איך הוא עומד, ולא אפשר לשכל אנושי לצייר כל הנזכר על אמתיתם, ועל בוריין מפני כי שכל האנושי בהיותו עצור ומונח בגוף גשמיי, אי אפשר לי להשיג דבר רוחני, והוא זה דומה לאדם סומא מן הבטן שלא ראה מאורות מימיו, דודאי אי אפשר לו לצייר מראות השמש והירח הנראין לעיני הבריות, וכל שכן מה שיש למעלה למעלה.

וכן כתב ברב פעלים ח"א בסוד ישרים א' - סוף דבר הכל נשמע, ה' אחד ושמו אחד, ואין לו גוף ולא דמות הגוף, ואין לו שום ציור, ותמונה ודמיון כלל ועיקר, וגם כל העולמות וספירות הקדושים למעלה אין להם ציור ודמיון של גופים האלה כלל, ואין מי שיוכל לידע איך הוא עמידתם וסדרם, ואיך עומדים עולמות היושר ועולמות העיגולים, ואיך מתחברים זה עם זה, ואיך נמשך השפע מזה לזה, ואיך הוא תוארם ומראיהם, ואיך הוא מהות השפע המחיה אותם, ומקיים אותם, וכמה הוא שיעור אורכם וגובה ורחבם, ואיך הם נכללים זה בזה, ומלבישים זה לזה, כי בכל זאת אין שום שכל אנושי יוכל לדעת, ולהבין, ולהשיג, כלל ועיקר.

הרב ז"ל כתב בשער אח"פ תחילת פ"א וז"ל - כבר ידעת כי אין בנו כח לעסוק קודם אצילות עשר ספירות, ולא לדמות שום דמיון וצורה כלל ח"ו, אך לשכך האזן, אנו צריכים לדבר דרך משל ודמיון, לכן אף אם נדבר במציאות ציור שם למעלה, אין הדבר רק לשכך האזן. אמנם דע כי עשר ספירות דאצילות הם שתי עניינים. האחד הוא התפשטות הרוחניות, והשני הוא כלים ואברים אשר העצמות מתפשט בהם. והנה צריך שיהיה לכל זה שורש למעלה לשתי בחינות אלו, ולכן צריכין אנו לדבר בסדר המדרגות מראש עד סוף, והנה נתחיל ונאמר כי הלא הא"ס ב"ה אין בו שום ציור כלל ח"ו כמבואר.

הרב ז"ל כתב בשער טנת"א פ"א - והנה אף על פי שאנו מכנים וקוראים כאן כנויים אלו כגון אדם ראש אזנים וכיוצא אינו רק לשכך האזן לשיובנו הדברים לכן אנו מכנים כנויים אלו במקום גבוה, עד כאן לשונו.

וכן הרמ"ק בפרדס רימונים ש"ו פ"א - וציירו להם המקובלים צורת בריעות גדולות וקראום אילן. הרב ז"ל כתב בסוף ש"ה פ"ד וז"ל - ואמנם דבר גלוי הוא כי אין למעלה גוף ולא כח גוף חלילה. וכל הדמיונות והציורים אלו לא מפני שהם כך חס ושלום. אמנם לשכך את האוזן לכשיוכל האדם להבין הדברים העליונים הרוחניים בלתי נתפסים ונרשמים בשכל האנושי, לכן ניתן רשות לדבר בבחינת ציורים ודמיונים, כאשר הוא פשוט בכל ספרי הזוהר. וגם בפסוקי התורה עצמה כולם כאחד עונים ואומרים בדבר הזה כמו שאמר הכתוב עיני ה' המה משוטטים בכל הארץ. עיני ה' אל צדיקים. וישמע ה'. וירח ה'. וידבר ה'. וכאלה רבות וגדולה מכולם מה שאמר הכתוב ויברא אלהים את האדם בצלמו בצלם אלהים ברא אותו זכר ונקבה וגו'. ואם התורה עצמה דברה כך גם אנחנו נוכל לדבר כלשון הזה, עם היות שפשוט הוא שאין שם למעלה אלא אורות דקים, בתכלית הרוחניות, בלתי נתפשים שם כלל, וכמו שאמר הכתוב כי לא ראיתם כל תמונה, וכאלה רבות. ואמנם יש עוד דרך אחרת כדי להמשיך ולצייר בה הדברים העליונים, והם בחינת כתיבת צורת אותיות, כי כל אות ואות מורה על אור פרטי עליון, וגם תמונת זו דבר פשוט הוא כי אין למעלה לא אות, ולא נקודה, וגם זה דרך משל וציור לשכך את האוזן כנזכר. ולכן נבאר עתה הקדמה הנזכר על דרך ציור האותיות גם כן ובבחינת ציורים אלו, הן ציור האדם, והן ציור אותיות, שתיהן מוכרחים להבין ענין האורות העליונים, כאשר תראה ספרי הזוהר בנויים על שתי בחינות הציורים האלה, עד כאן לא.

ולכן גם אנחנו הרשינו לעצמינו לצייר ציורים, תרשימים וטבלאות, אך ורק כדי לשכך את האוזן, ולשבר את העין, כדי להבין את הסוגייה.

אח"י

סדר שמות שמות ההיכלות והשערים בעץ חיים

שם היכל	שער	שם השער	פרקים														
			א	ב	ג	ד	ה	ו	ז	ח	ט	י	יא	יב	יג	יד	טו
אדם קדמון	א	עיגולים ויושר	א	ב	ג	ד	ה										
	ב	השתלשלות י"ס דרך עגו'	א	ב	ג												
	ג	סדר אצילות למהרח"ו	א	ב	ג												
	ד	אח"פ	א	ב	ג	ד	ה										
	ה	טנת"א	א	ב	ג	ד	ה	ו	ז								
	ו	עקודים	א	ב	ג	ד	ה	ו	ז	ח							
	ז	מטי ולא מטי	א	ב	ג	ד	ה										
נקודים	ח	דרושי נקודות	א	ב	ג	ד	ה	ו									
	ט	שבירת הכלים	א	ב	ג	ד	ה	ו	ז	ח							
	י	תיקון	א	ב	ג	ד	ה										
	יא	מלכים	א	ב	ג	ד	ה	ו	ז	ח	ט	י					
הכתרים	יב	עתיק	א	ב	ג	ד	ה										
	יג	א"א	א	ב	ג	ד	ה	ו	ז	ח	ט	י	יא	יב	יג	יד	
או"א	יד	או"א	א	ב	ג	ד	ה	ו	ז	ח	ט	י					
	טו	זווגים	א	ב	ג	ד	ה	ו									
	טז	הולדת או"א וזו"ן	א	ב	ג	ד	ה	ו	ז								
ז"א	יז	ז"א	א	ב	ג	ד											
	יח	רפ"ח נצוצין	א	ב	ג	ד	ה	ו									
	יט	אנ"ך	א	ב	ג	ד	ה	ו	ז	ח	ט	י					
	כ	המוחין	א	ב	ג	ד	ה	ו	ז	ח	ט	י	יא	יב			
	כא	לידת המוחין	א	ב	ג												
	כב	מוחין דקטנות	א	ב	ג												
	כג	מוחין דצלם	א	ב	ג	ד	ה	ו	ז	ח							
	כד	פרקי הצלם	א	ב	ג	ד	ה	ו	ז								
	כה	דרושי הצלם	א	ב	ג	ד	ה	ו	ז	ח							
	כו	צלם	א	ב	ג												
	כז	פרטי עי"מ	א	ב	ג	ד											
	כח	עיבורים	א	ב	ג	ד	ה										
	כט	נסירה	א	ב	ג	ד	ה	ו	ז	ח	ט						
	ל	פרצופים	א	ב	ג	ד	ה	ו	ז								
	לא	פרצופי זו"ן	א	ב	ג	ד	ה										
	לב	הארת המוחין	א	ב	ג	ד	ה	ו	ז	ח	ט						
	לג	אונאה	א	ב	ג	ד	ה										
נוק' דז"א	לד	תיקון הנוקבא	א	ב	ג	ד	ה	ו	ז								
	לה	הירח	א	ב	ג	ד	ה										
	לו	מעוט הירח	א	ב	ג	ד											
	לז	יעקב ולאה	א	ב	ג	ד	ה										
	לח	לאה ורחל	א	ב	ג	ד	ה	ו	ז	ח	ט						
	לט	מ"ן ומ"ד	א	ב	ג	ד	ה	ו	ז	ח	ט	י	יא	יב	יג	יד	טו
	מ	פנימיות וחצוניות	א	ב	ג	ד	ה	ו	ז	ח	ט	י	יא	יב	יג	יד	טו
	מא	חשמל	א	ב	ג												
אבי"ע	מב-א	דרושי אבי"ע	א	ב	ג	ד	ה	ו	ז	ח	ט	י	יא	יב			
	מב-ב	כללות אבי"ע	א	ב	ג	ד											
	מג	ציור עולמות אבי"ע	א	ב	ג	ד											
	מד	שמות	א	ב	ג	ד	ה	ו	ז								
	מה	מקיפין	א	ב	ג	ד											
	מו	כסא הכבוד	א	ב	ג	ד	ה	ו									
	מז	סדר אבי"ע	א	ב	ג	ד	ה	ו									
	מח	קליפות	א	ב	ג	ד											
	מט	קליפת נוגה	א	ב	ג	ד	ה	ו	ז	ח	ט						
	נ	קיצור אבי"ע	א	ב	ג	ד	ה	ו	ז	ח	ט	י					

<u>טבלת ערכים</u>

עולמות	אדם קדמון	אצילות	בריאה	יצירה	עשיה
פרצופים	ע"י וא"א	אבא	אמא	ז"א	נוקבא
ספירות	כתר	חכמה	בינה	חג"ת נה"י	מלכות
הוי"ה	קוץ של י'	י	ה	ו	ה
אורות	יחידה	חיה	נשמה	רוח	נפש
מלוי	שורש הוי"ה	ע"ב - יוד הי ויו הי	ס"ג - יוד הי ואו הי	מ"ה - יוד הא ואו הא	ב"ן - יוד הה וו הה
טנת"א	שורשים	טעמים	נקודות	תגין	אותיות
נקודות	קמץ	פתח	צרי	סגול, שוה, חולם חיריק, קבוץ, שורוק	אין ניקוד
אדם	גולגולתא	מוח ימין	מוח שמאל	גוף וברית	עטרת היסוד
מל"צ	מ - מקיף, יחידה	ל - מקיף, חיה	מוח	לב	כבד
שנגל"ה	שורש	נשמה	גוף	לבוש	היכל
י"ב פרצופים	עו"נ ואו"ן	או"א עלאין	ישסו"ת	זו"ן	יעק"ר
כל צמא	אורות	מוחין	צלמים	לבושים	כלים
אברים	מוח	עצמות	גידין	בשר	עור
חושים	מוח	ראיה	שמיעה	ריח	דיבור
מחצבים	א"ס	ספירות	נשמות	מלאכים	חושך
צלם	מ' מקיף ב'	ל' מקיף א'	צ' מוח	צ' לב	צ' כבד
דחצ"מ	אלוקות	מדבר	חי	צומח	דומם
יסודות	יולי	מים	אש	רוח	עפר
רקיעים	ערבות	ערבות	ערבות	מכון, מעון, זבול שחקים, רקיע	וילון
גלגלים	גלגל השכל	גלגל היומי	מזלות	ככבים	לבנה
היכלות	קודש קודשים	קודש קודשים	קודש קודשים	אהבה, זכות, רצון, נוגה, עצם השמים, לבנת הספיר	לבנת הספיר
מלוי הוי"ה		מו - וד י יוד י	לז - וד י או י	יט - וד א או א	כו - וד ה ו ה
אהי"ה		קס"א - אלף הי יוד הי	קס"א - אלף הי יוד הי	קמ"ג - אלף הא יוד הא	קמ"א - אלף הה יוד הה

תרשים ה - א

שם ב"ן הוי"ה דהה"ן

רוזמים   י ה ו"ה   שורש שם ב"ן

דין   ו"ד ה"ה ו ה   מלוי שם ב"ן

תרשים ה - ב

רוזמים   חג"ת

דין   נה"י

תרשים ה - ג

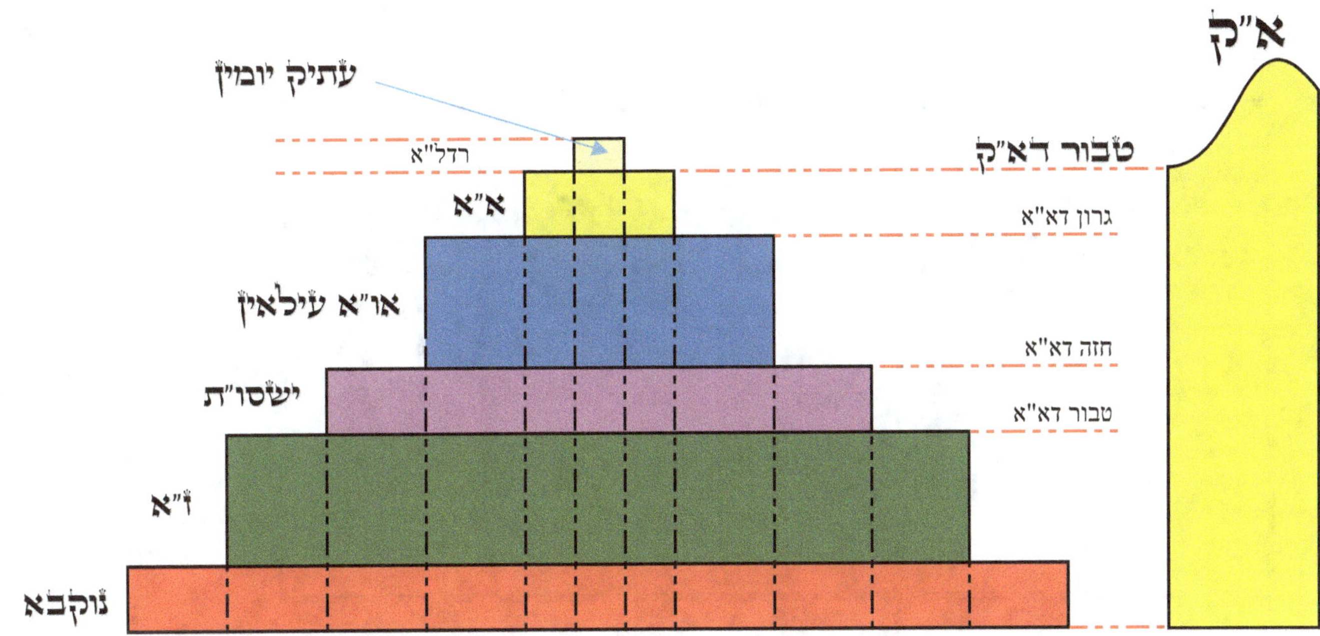

אריך אנפין

כתר
חכמה
עַתִּיק
בינה
נֹק' דעתיק
דעת
אריך נֹק' דאריך
חב"ד
חסד
אבא
גבורה
אימא
תפארת
יש"ס תבונה
צה"י
חסד
ז"א
הוד
לאה
יסוד
יעקב רחל

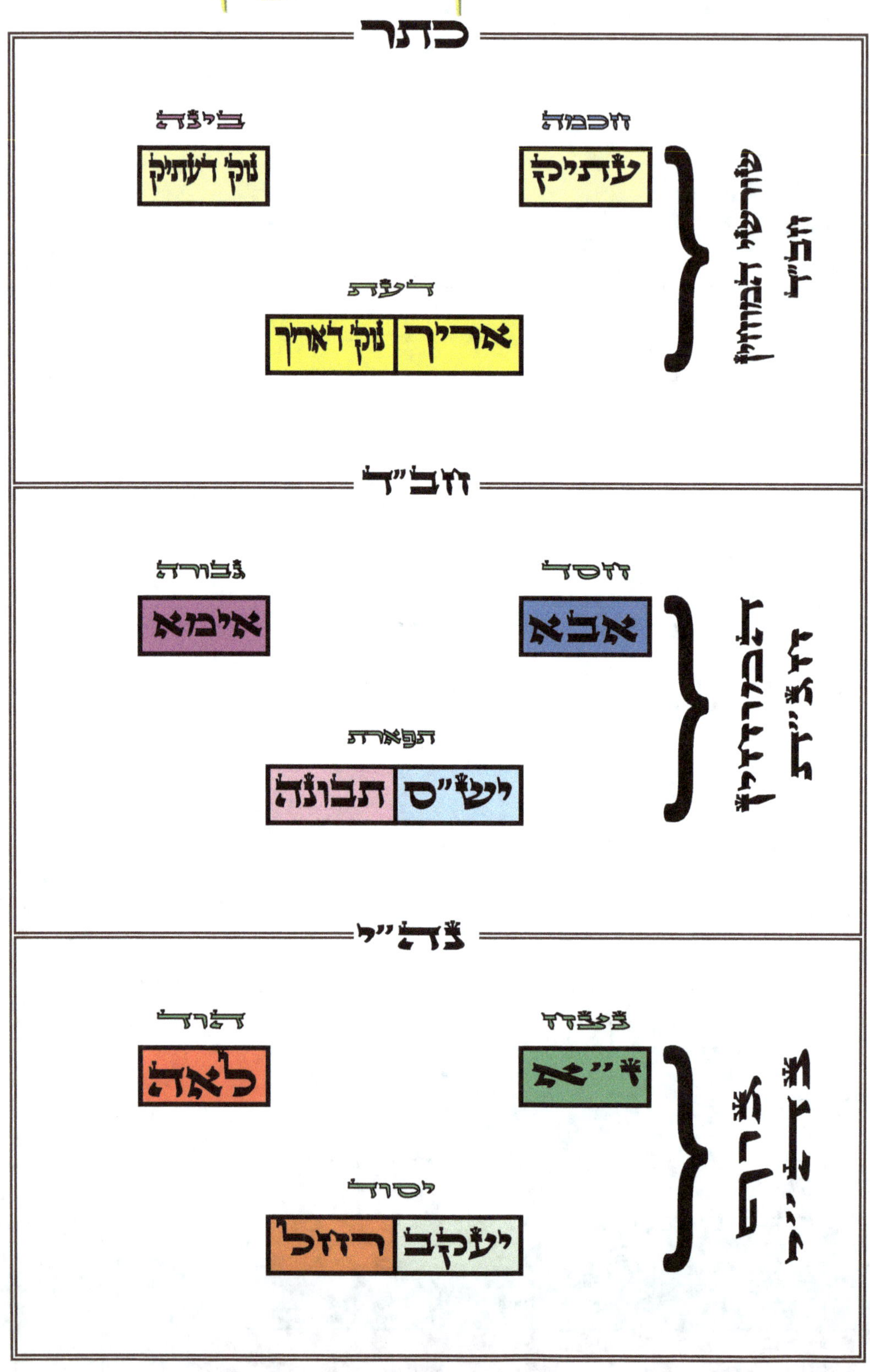

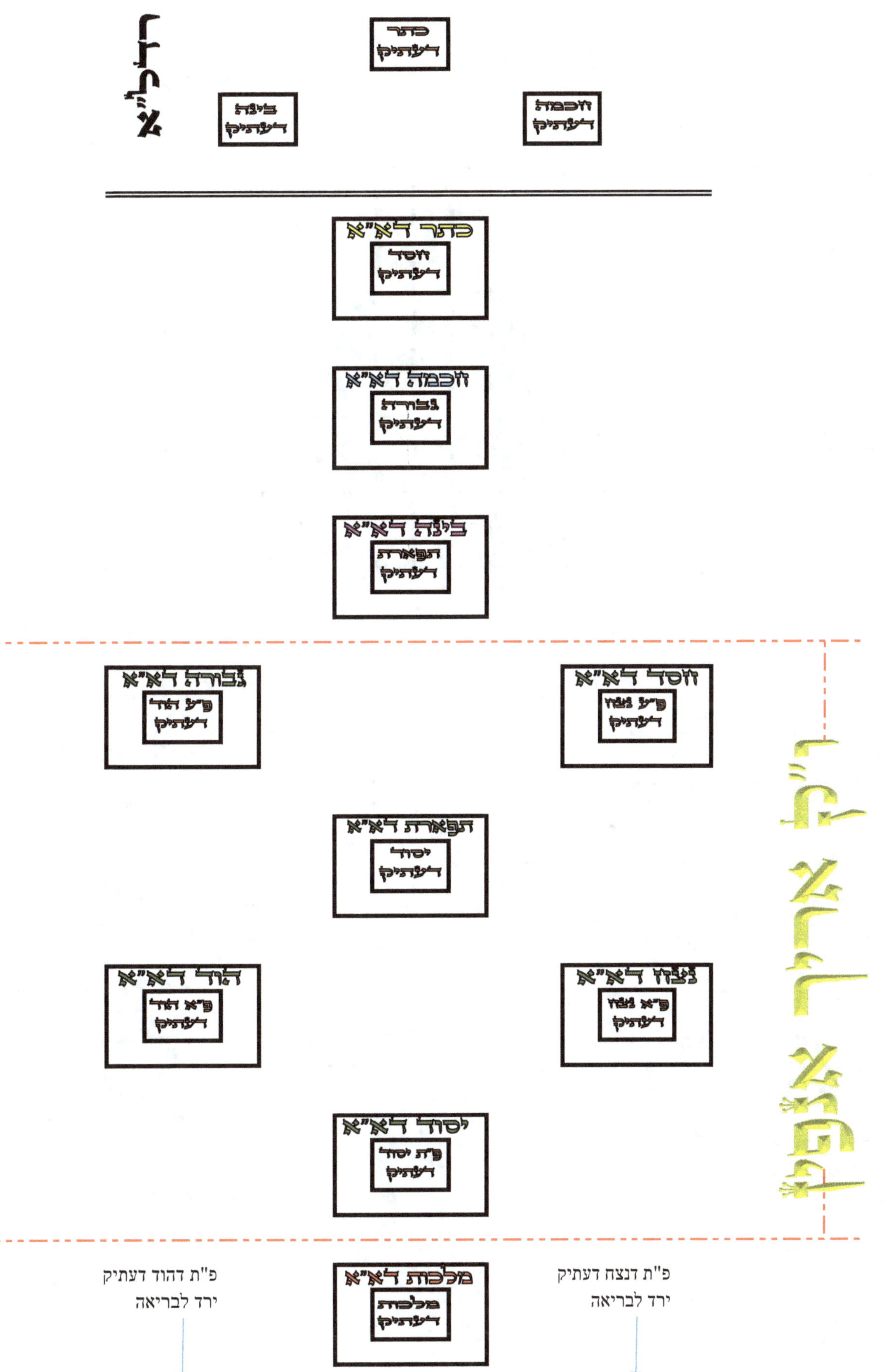

פ"ת דהוד דעתיק
ירד לבריאה

פ"ת דנצח דעתיק
ירד לבריאה

תרשים ה - ו

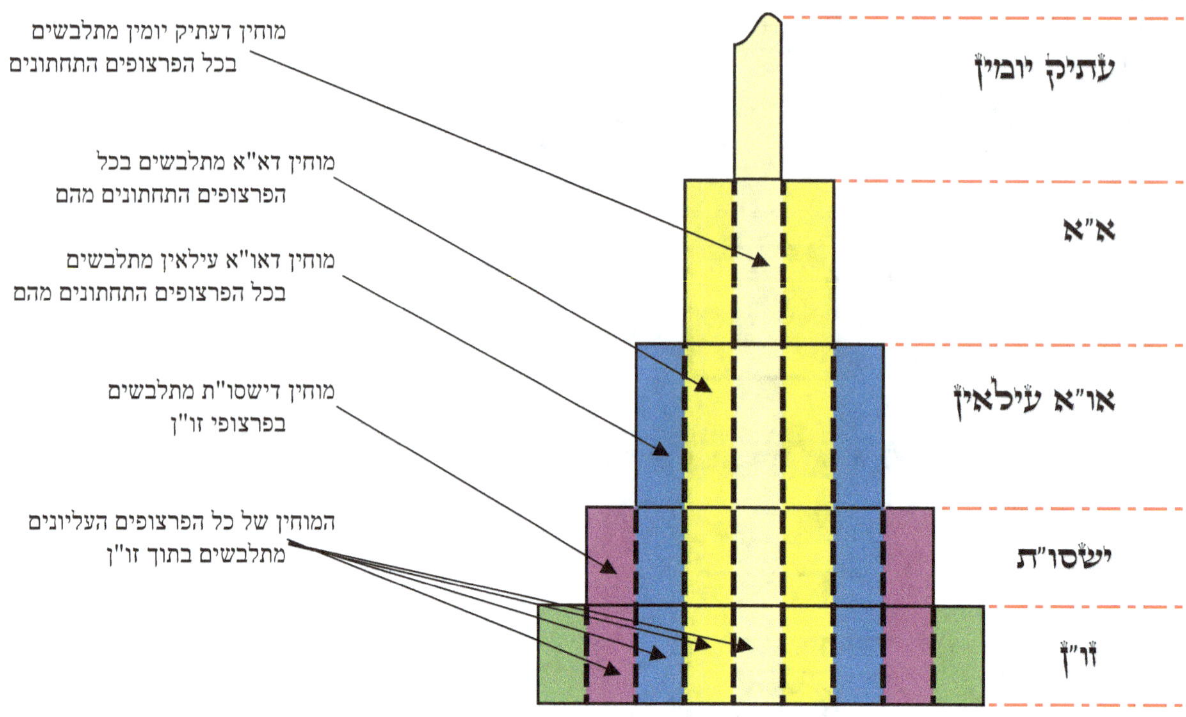

תרשים ה - ז

אַתָּה

גִּבּוֹר לְעוֹלָם אֲדֹנָי

מְחַיֵּה מֵתִים

אַתָּה, רַב לְהוֹשִׁיעַ.

מוֹרִיד הַטָּל

מַשִּׁיב הָרוּחַ וּמוֹרִיד הַגֶּשֶׁם

מְכַלְכֵּל חַיִּים בְּחֶסֶד

מְחַיֵּה מֵתִים

בְּרַחֲמִים רַבִּים, סוֹמֵךְ נוֹפְלִים וְרוֹפֵא
חוֹלִים, וּמַתִּיר אֲסוּרִים, וּמְקַיֵּם אֱמוּנָתוֹ לִישֵׁנֵי
עָפָר, מִי כָמוֹךָ בַּעַל גְּבוּרוֹת וּמִי דוֹמֶה
לָּךְ, מֶלֶךְ מֵמִית וּמְחַיֶּה וּמַצְמִיחַ יְשׁוּעָה:

וְנֶאֱמָן אַתָּה לְהַחֲיוֹת מֵתִים:

בָּרוּךְ אַתָּה יְהוָֹה, מְחַיֵּה הַמֵּתִים:

תרשים ה - ח

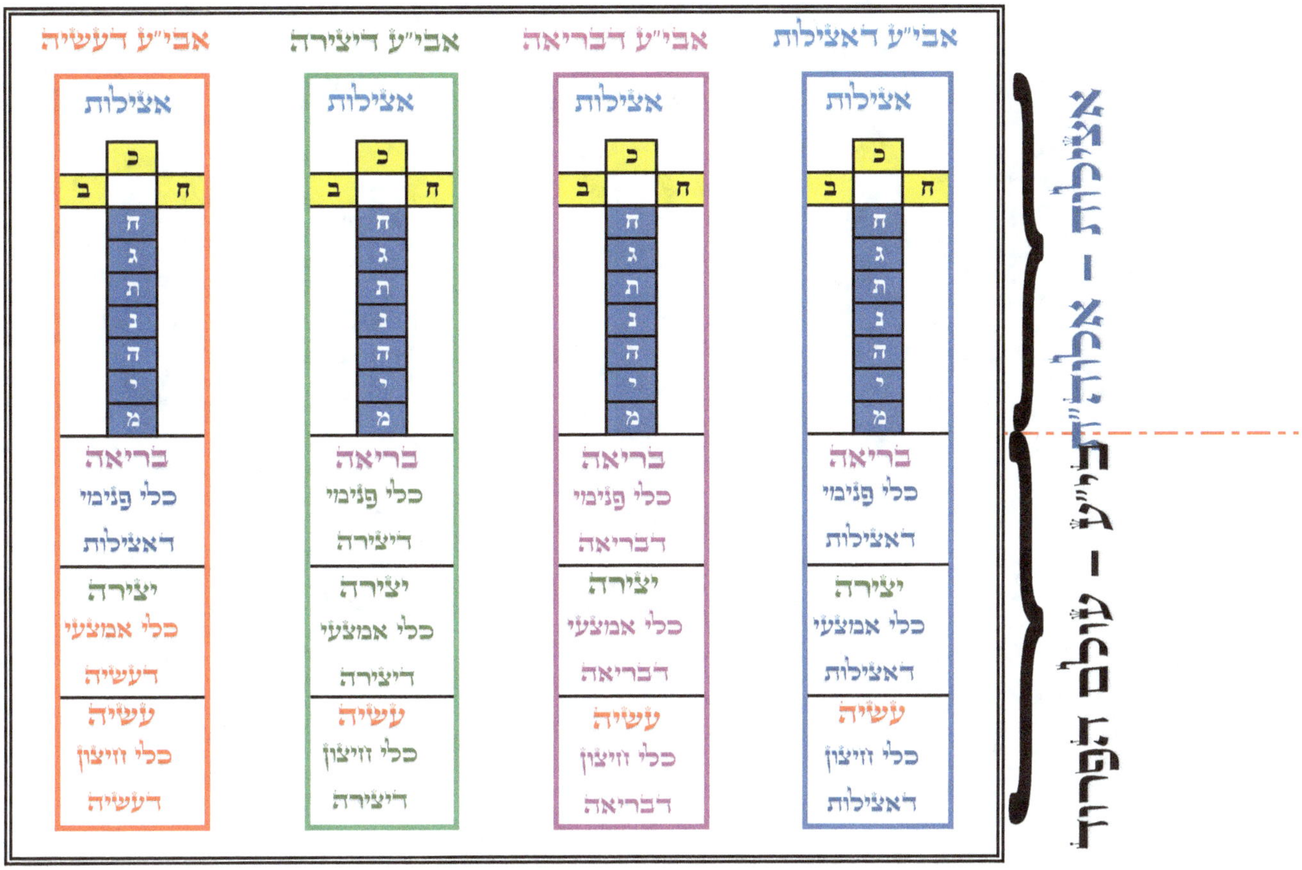

אבי"ע דאצילות | אבי"ע דבריאה | אבי"ע דיצירה | אבי"ע דעשיה

אבי"ע דאצילות (כחול)

אצילות

כ
ב · ח
ח ג ת נ ה י מ

בריאה · כלי פנימי · דאצילות
יצירה · כלי אמצעי · דאצילות
עשיה · כלי חיצון · דאצילות

אבי"ע דבריאה (סגול)

אצילות

כ
ב · ח
ח ג ת נ ה י מ

בריאה · כלי פנימי · דבריאה
יצירה · כלי אמצעי · דבריאה
עשיה · כלי חיצון · דבריאה

אבי"ע דיצירה (ירוק)

אצילות

כ
ב · ח
ח ג ת נ ה י מ

בריאה · כלי פנימי · דיצירה
יצירה · כלי אמצעי · דיצירה
עשיה · כלי חיצון · דיצירה

אבי"ע דעשיה (כתום)

אצילות

כ
ב · ח
ח ג ת נ ה י מ

בריאה · כלי פנימי · דאצילות
יצירה · כלי אמצעי · דעשיה
עשיה · כלי חיצון · דעשיה

אצילות - אבי"ע בריאה - עולם הבריאה

תרשים ה - ט

אֵל נְקָמוֹת יְהֹוָה [יאהדונהי] יכוין לשאול מה' נקמת עשרה הרוגי מלכות
וע"י הזכרה זאת מתעוררין גופין קדישין דלהון לברר וללקט נשמות
ניצוצי הקדושה שנשארו בתוקף הקלי' דעשיה. אֵל נְקָמוֹת הוֹפִיעַ: